Die

Staatskonkurs-Aufgaben

im Jahre

1892.

I. Aufgabe
aus dem bürgerlichen Rechte.

Der am 5. November 1891 verstorbene Gutsbesitzer Arnold von Adler hat am 2. Januar 1884 in einer Privaturkunde unter Beobachtung der gesetzlichen Formvorschriften seine drei Söhne Franz, Otto und Wilhelm, sowie seine zwei Töchter Helene und Mathilde zu Erben eingesetzt und bestimmt, daß:

1. seine Grundbesitzungen seinen drei Söhnen,
2. seine Wertpapiere seinen zwei Töchtern,
3. seine übrigen Vermögensstücke seinen fünf Kindern zu gleichen Teilen zufallen und daß die Schulden von den fünf Kindern gleichheitlich getragen werden sollen.

Das Vermögen des Arnold von Adler zur Zeit seines Todes bestand in:

1. Grundbesitzungen im Werte von 150000 ℳ,
2. Wertpapiere im Betrage von 800000 ℳ,
3. sonstigen Vermögensstücken im Werte von 50000 ℳ.

Schulden waren keine vorhanden. Die Begräbniskosten hat eine Schwester des Verlebten bestritten.

Schon vor seinem Tode hat Arnold von Adler aus seinem Vermögen bedeutende Zuwendungen gemacht:

1. Laut notarieller Urkunde vom 4. Oktober 1889 hat er seiner Tochter Helene als dos ein Haus im Werte von 100000 ℳ mit der ausdrücklichen Erklärung gegeben, daß seine Tochter Helene die dos in die Erbschaft nicht einzuwerfen brauche.
2. Inhaltlich notarieller Urkunde vom 28. Juli 1890 hat

Arnold von Adler seiner Tochter Mathilde als dos Bauplätze im Werte von 300000 ℳ gegeben. In der Urkunde hatte Arnold von Adler angeordnet, daß seine Tochter Mathilde die empfangene dos auf ihren Erbteil sich anrechnen lassen müsse. Einige Tage nach dem 28. Juli 1890 aber erklärte Arnold von Adler seiner Tochter Mathilde auf deren Bitten in Gegenwart zweier Zeugen, daß auch sie die erhaltene dos in die Erbschaft nicht einzuwerfen brauche.

3. Wenige Tage vor seinem Tode hat Arnold von Adler seinem von Gläubigern bedrängten Bruder Adolf von Adler zur Tilgung seiner Schulden 200000 ℳ geschenkt und übergeben.

I. Wie ist der Nachlaß des Arnold von Adler zu verteilen, wenn die Erben — unter Wahrung aller ihrer Rechte insbesondere ihrer Ansprüche auf Ergänzung des Pflichtteils — die Erbschaft unbedingt antreten; wie, wenn sie über dieselbe ein vorschriftsmäßiges Inventar errichten?

II. Können von Seite der Erben gegen Adolf von Adler Ansprüche erhoben werden?

III. Wäre letzteres etwa der Fall, wenn die Schenkung an Adolf von Adler nicht 200000 ℳ, sondern 1'200000 ℳ betragen hätte?

IV. Welche Förmlichkeiten müssen zum mindesten beobachtet sein, damit die letztwillige Verfügung des Arnold von Adler giltig ist?

V. Wie wäre die Frage I zu beantworten, wenn Arnold von Adler die unter 1—3 aufgeführten Zuwendungen aus seinem Vermögen nicht gemacht, vor seinem Tode ein notarielles Testament errichtet, hierin seinen Sohn Franz mit Rechtswirksamkeit enterbt, im übrigen aber die in der Privaturkunde vom 2. Januar 1884 getroffenen letztwilligen Verfügungen wiederholt hätte?

Bei der Bearbeitung sind neben den Reichsgesetzen das Gemeine Recht und die für das ganze Gebiet desselben in Bayern geltenden Landesgesetze zu grunde zu legen. Die Entscheidungen sind zu begründen.

II. Aufgabe
aus dem bürgerlichen Rechte.

1. Für den aus Plan-Nummer 60 und 61 bestehenden Grundbesitz des Michael Hofer war im Hypothekenbuche des Amtsgerichts Nordheim für den Bezirk Zaundorf ein Folium angelegt, in dessen dritter Rubrik sich nachstehende Einträge befunden haben:

„1/I. Am 1. Oktober 1892.
Vier Tausend Mark Darlehen eines Gläubigers, dessen Benennung vorbehalten bleibt.

2/II. Am 2. Oktober 1892.
Zwei Tausend Mark Darlehen des Kaufmanns Otto Rein von München.

3/III Am 7. Oktober 1892.
Zwei Tausend fünfhundert Mark Darlehen des Adolf Stern.

4/IV. Am 8. Oktober 1892.
Zwei Tausend Mark Darlehen des Friedrich Sturm.
Zu Gunsten dieser Hypothek hat der Besitzer für den Fall des Erlöschens der Hypotheken unter Nr. 2/II und 3/III auf das Recht verzichtet, deren Rang einen neuen Gläubiger einzuräumen.“

2. Am 9. Oktober 1892 ist bei dem Hypothekenamte des Amtsgerichts Nordheim eine Urkunde des Notars Schmid zu Nordheim vom 8. Oktober 1892 eingelaufen, inhaltlich deren Adolf Stern die für ihn auf Pl.-Nro. 160 und Pl.-Nro. 161 des Andreas Hofer eingetragene Hypothek von 2500 ℳ wegen Bezahlung seines Guthabens zur Löschung bewilligte. Der mit Führung des Hypothekenamtes betraute

Amtsrichter Schön hat irrtümlich angenommen, daß die von Michael Hofer dem Adolf Stern auf Pl.-Nr. 60 und 61 bestellte Hypothek von 2500 ℳ zur Löschung bewilligt sei und hat diese Hypothek aw 9. Oktober 1892 gelöscht.

3. Am 15. Oktober 1892 vormittags 11 Uhr entfernte sich Amtsrichter Schön aus dem Gerichtsgebäude mit dem Bemerken, daß er abends 6 Uhr zurückkehren werde. Zugleich wies er die Sekretariatsgehilfen Schier und Helm an, dem Notare Huber von Nordheim auf Verlangen die Einsicht der Hypothekenbücher zu gestatten, die während seiner Abwesenheit bei dem Hypothekenamte einlangenden Urkunden in das Tagebuch einzutragen, durch Einschreibungen in die Hypothekenbücher zu vollziehen und die gemachten Einträge ihm nach der Rückkehr zur Prüfung vorzulegen.

a. Nach der Entfernung des Amtsrichters gelangte in den Einlauf des Hypothekenamtes eine Urkunde des Notars Braun zu München vom 14. Oktober 1892, laut welcher Otto Rein die Löschung der für ihn auf dem Grundbesitze des Michael Hofer versicherten Hypothek von 2000 ℳ wegen bevorstehender Zahlung seiner Forderung bewilligte. Auf Grund dieser Urkunde hat Sekretariatsgehilfe Schier am 15. Oktober 1892 die unter 2/II eingetragene Hypothek des Rein im öffentlichen Buche gelöscht.

b. Wenige Augenblicke nach der Einschreibung dieser Löschung hat sich Notar Huber von Nordheim mit Karl Grimm bei dem Hypothekenamte eingefunden, um mit Grimm von dem Folium des Michael Hofer Einsicht zu nehmen, welchem Grimm 7000 ℳ zu leihen bereit war, soferne ihm Hypothek nach Vorgang von 6000 ℳ eingeräumt zu werden vermöchte. Da die Einsicht des Hypothekenbuches die Löschung der Hypotheken des Rein und Stern ergab, behändigte Grimm dem Michael Hofer das erbetene Darlehen. Hofer bestellte laut Urkunde des Notars Huber zu Nordheim vom 15. Oktober 1892 dem Grimm für 7000 ℳ Hypothek „an nächst offener Stelle“ auf seinem Grundbesitze; Sekretariatsgehilfe Helm hat auf Grund dieser am Nachmittage des

15. Oktober 1892 in den Einlauf des Hypothekenamtes gelangten Urkunde die für Grimm bestellte Hypothek noch am 15. Oktober 1892 in das Hypothekenbuch eingetragen.

4. Als Amtsrichter Schön bei seiner Rückkehr abends 6 Uhr die von Schier und Helm gemachten Einträge der Prüfung unterzog, erinnerte er sich, daß Kaufmann Otto Rein seit einiger Zeit wegen Verschwendung entmündigt sei. Er durchstrich deshalb den von dem Sekretariatsgehilfen Schier bezüglich der Hypothek des Rein bethätigten Löschungsvortrag, machte in das Hypothekenbuch folgenden von ihm unterzeichneten Eintrag:

„Der Löschungsvortrag hinsichtlich der Hypothek des Otto Rein zu 2000 ℳ ist irrig. Die Hypothek dieses Gläubigers unter 2/II besteht in ihrem bisherigen Range noch zu Recht"

und leitete die Urkunde des Notars Braun als unvollziehbar zurück. Der Urkunde des Notars Huber vom 15. Oktober 1892 setzte Amtsrichter Schön die hypothekenamtliche Vollzugsbestätigung bei.

5. Am nächsten Tage entdeckte Amtsrichter Schön bei wiederholter Durchsicht der Urkunde des Notars Schmid vom 8. Oktober 1892, daß er aus Versehen die von Michael Hofer dem Adolf Stern bestellte Hypothek gelöscht habe. Er durchstrich daher den auf die Löschung dieser Hypothek sich beziehenden Eintrag vom 9. Oktober 1892 und schrieb am 16. Oktober 1892 in das Hypothekenbuch Nachstehendes ein:

„Der auf die Löschung der Hypothek des Adolf Stern bezügliche Vortrag vom 9. Oktober 1892 ist irrig. Die Hypothek des Adolf Stern zu 2500 ℳ unter 3/III besteht und zwar in ihrem bisherigen Range noch zu Recht."

6. Inhaltlich eines Vollstreckungsbefehles des Amtsgerichts Nordheim vom 14. November 1892 schuldete Michael Hofer an den Schreiner Joseph Brunner 4000 ℳ. Joseph Brunner hat am 25. November 1892 dem Hypothekenamte Nordheim eine Ausfertigung des Vollstreckungsbefehles nebst

dem Nachweise über dessen am **24.** November 1892 an Michael Hofer erfolgte Zustellung mit dem Antrage vorgelegt, für den von Hofer geschuldeten Betrag Hypothek auf Hofer's unbeweglichem Vermögen und zwar in dem gemäß Nr. 1 noch offenen Range vorzumerken. Diesem Antrage gab Amtsrichter Schön am 25. November 1892 statt und verfügte die entsprechende Mitteilung an Michael Hofer, die am 27. November 1892 erfolgte.

7. Laut Urkunde des Notars Schmid zu Nordheim vom 28. November 1892 bestellte Michael Hofer dem Richard Grau für ein empfangenes Darlehen von 3000 ℳ Hypothek auf seinem Grundbesitze. Diese ist am 29. November 1892 eingetragen worden.

I. Sind die Verfügungen des Hypothekenamtes unter 4, 5 und 6 gerechtfertigt? Können sie — von wem, auf welchem Wege, innerhalb welcher Fristen, — angefochten werden?

II. Wie wäre der Strichschilling zu verteilen, wenn aus der Zwangsversteigerung des Grundbesitzes des Michael Hofer nach Abzug der gemäß 107 und 108 Ziff. 1 der Subhastationsordnung zu berichtigenden Beträge eine Verteilungsmasse von 6000 ℳ, wie wenn eine solche Masse von 14000 ℳ übrig bliebe?

Bei der Bearbeitung sind neben den Reichsgesetzen das Gemeine Recht und die für das ganze Gebiet desselben in Bayern geltenden Landesgesetze zu grunde zu legen. Die Entscheidungen sind zu begründen.

I. Aufgabe

aus dem Handels-, Wechsel- und Konkursrechte.

1. Der Kaufmann Stein hat an die Ordre des Bankiers Katz einen am 1. August 1892 fälligen Wechsel über 200 ℳ

auf den Kaufmann Dorn in X gezogen, welcher von Katz an den Bankier Friedländer begeben wurde. Friedländer hat am 1. August dem Kaufmann Dorn den Wechsel zur Zahlung vorgelegt und mangels Zahlung protestieren lassen.

Kurz vorher hatte Stein seine Zahlungen eingestellt. Gleichwohl bot er, damit sein Schwager Katz nicht in Anspruch genommen werde, am 3. August 1892 dem Bankier Friedländer die Zahlung der Wechselsumme an, die dieser in Kenntnis der Zahlungseinstellung des Stein annahm. Am 5. August wurde über das Vermögen des Stein der Konkurs eröffnet. Der Konkursverwalter verlangte am 27. August von Friedländer gegen Rückgabe des Wechsels und des Protestes Erstattung der empfangenen Wechselsumme, da die Zahlung des Wechsels gegen die Bestimmungen in § 22 ff. der Konkursordnung verstoße. Friedländer kam dem Verlangen sofort nach, meldete seine Wechselforderung am 29. August zum Konkurse des Stein an, und erhob am 12. November 1892 die Wechselregreßklage gegen Katz. Dieser verweigerte die Zahlung, weil der Anspruch des Friedländer sowohl durch die Zahlung des Stein, welche der Anfechtung nicht unterworfen und deren Anfechtbarkeit, wenn sie anzuerkennen sein sollte, für Katz belanglos sei, als durch Verjährung erloschen sei.

Sind die Einwendungen des Katz begründet?

2. In dem Statut der Aktiengesellschaft „Wechslerbank", deren Kapital eine Million Mark, eingeteilt in tausend vollbezahlte Aktien zu tausend Mark, betrug, war bestimmt, daß der zehnte Teil des jährlichen Reingewinnes zur Bildung eines Reservefonds insolange zurückgelegt werden solle, als dieser ausschließlich zur Deckung von Bilanzverlusten bestimmte Fond nicht den Betrag von 400,000 ℳ übersteige. Im Jahre 1892 schlug der Vorstand der Generalversammlung vor, die Statuten dahin abzuändern, daß der Reservefond nicht mehr als die im Gesetze vorgeschriebene Summe betragen solle, und daß der Mehrbetrag dieses Fonds, der inzwischen auf 300,000 ℳ angewachsen war, sohin eine Summe

von 200,000 ℳ zur Erhöhung des Aktienkapitals in der Weise verwendet werden solle, daß in die Gesellschaftskasse aus diesem Fond auf jede Aktie eine Zahlung von 200 ℳ geleistet und der Nominalbetrag der einzelnen Aktie auf 1200 ℳ erhöht werde.

Die — ordnungsmäßig und unter Ankündigung des Gegenstandes der Beschlußfassung berufene — Generalversammlung, in welcher 914 Aktien vertreten waren, nahm den Vorschlag des Vorstandes mit 913 Stimmen gegen die eine Stimme des Aktionärs Arnold Adler an.

Darf der Registerrichter den Beschluß der Generalversammlung in das Handelsregister eintragen?

Können Arnold Adler und die in der Generalversammlung nicht erschienenen Aktionäre diesen Beschluß anfechten? Auf welchem Wege allenfalls?

Neben den Reichsgesetzen und den für ganz Bayern gemeinsamen Gesetzen haben die Kandidaten, welche die Prüfung in den Landesteilen rechts des Rheines ablegen, die für das rechtsrheinische Bayern geltenden Gesetze, sowie das Gemeine Recht mit den für das ganze Gebiet desselben in Bayern geltenden Gesetzen, die Kandidaten, welche die Prüfung in der Pfalz ablegen, das dort geltende Landesrecht anzuwenden.

Die Entscheidungen sind zu begründen.

II. Aufgabe
aus dem Handel-, Wechsel- und Konkursrechte.

1. Der Kaufmann Huber in X hat bei dem Kaufmann Schmid in Y Waren zum Preise von 540 ℳ bestellt, welche ihm Schmid durch den Spediteur Ried in Y zusenden ließ. Zur Ersparung von Fracht ließ Ried die Waren in einem unbedeckten Eisenbahnwagen transportieren, obwohl die Waren ihrer Beschaffenheit nach durch diese Beförderungsart beson-

deren Gefahren ausgesetzt waren, für welche die Eisenbahn nach dem Betriebsreglement nicht haftet. Unterwegs wurden die Waren bei einem heftigen, mehrere Stunden andauernden Gewitter durch Nässe beschädigt. Huber nahm die Beschädigung, als er die Waren am ersten Tag nach der Ablieferung untersuchte, sofort wahr, sandte aber erst vierzehn Tage später die Anzeige über die wahrgenommenen Mängel der Waren an Schmid ab. Dabei sprach er die Erwartung aus, sein Ersatzanspruch werde trotz der Verspätung nicht beanstandet werden, weil durch die Anordnung der Beförderung in einem unbedeckten Wagen ein von Schmid zu vertretendes Versehen begangen worden sei. Schmid erwiderte, er bedaure, die verspätete Anzeige nicht mehr annehmen zu können, sei übrigens außer Schuld, weil die auf die Beförderungsart bezügliche Anordnung nicht von ihm veranlaßt, sondern von Ried eigenmächtig getroffen worden sei. Als aber Huber sich wegen des Schadensersatzes an Ried wendete, behauptete dieser, er habe von Schmid den Auftrag erhalten, die Waren in einem unbedeckten Wagen befördern zu lassen.

Ebenso wie Schmid erachtete auch Ried den Anspruch des Huber schon aus dem Grunde für ausgeschlossen, weil er wegen Unterlassung rechtzeitiger Rüge die Waren als vertragsmäßig, also als unbeschädigt gelten lassen müsse, und deshalb mit der Behauptung, daß sie beschädigt abgeliefert worden seien, nicht mehr gehört werden dürfe.

Wie ist die Rechtslage zu beurteilen:

1. wenn die auf die Beförderung bezügliche Anordnung von Schmidt ausgegangen,
2. wenn dieselbe von Ried eigenmächtig getroffen worden ist?

Wäre es in letzterem Falle von Einfluß, wenn Schmid nach dem Kaufvertrage verpflichtet gewesen wäre, die Waren in X zu liefern.

2. Der Kaufmann Sturm in X übersandte am 1. Oktober 1892 an den Bankier Deuerling in Y eine Anzahl notleidender ausländischer Papiere mit dem Auftrage, ihm gegen Verpfändung dieser Papiere ein Darlehen im Betrage von

mindestens 10,000 ℳ zu verschaffen. Deuerling bemühte sich vergeblich, dem Wunsche seines Geschäftsfreundes Sturm zu entsprechen, und war eben daran, die Papiere zurückzuschicken, als ihm der Bankier Schorr in Y am 16. Oktober 1892 mitteilte, daß Sturm am 13. Oktober 1892 seine Zahlungen eingestellt habe, und daß die Eröffnung des Konkurses über sein Vermögen täglich zu erwarten sei.

Schorr beklagte sich hierbei, daß er infolge der Zahlungsunfähigkeit des Sturm einen schweren Verlust erleide; der Kaufmann Binder habe nämlich an seine, des Schorr, Order zur Deckung einer Warenschuld einen Wechsel über 5000 ℳ auf Sturm gezogen, den Sturm auch angenommen habe; dieses Akzept sei, da auch Binder zahlungsunfähig geworden, nunmehr wertlos. Deuerling machte hierauf dem Schorr den Vorschlag, er wolle ihm den Wechsel um 2000 ℳ ablösen, und bezahlte an Schorr, nachdem dieser den Wechsel „ohne Obligo" auf ihn giriert hatte, diese Summe.

Am 17. Oktober 1892 wurde über das Vermögen des Sturm der Konkurs eröffnet.

Deuerling verlangt nunmehr wegen seiner Wechselforderung abgesonderte Befriedigung aus den von Sturm übersendeten Papieren, während der Konkursverwalter die Geltendmachung eines Absonderungsrechtes durch Deuerling für unzulässig erklärt und eventuell als gegen die Bestimmungen in § 22 ff. der Konkursordnung verstoßend anficht.

Wie ist zu entscheiden?

Neben den Reichsgesetzen und den für ganz Bayern gemeinsamen Gesetzen haben die Kandidaten, welche die Prüfung in den Landesteilen rechts des Rheines ablegen, die für das rechtsrheinische Bayern geltenden Gesetze, sowie das Gemeine Recht mit den für das ganze Gebiet desselben in Bayern geltenden Gesetzen, die Kandidaten, welche die Prüfung in der Pfalz ablegen, das dort geltende Landesrecht anzuwenden.

Die Entscheidungen sind zu begründen.

I. Aufgabe
aus dem Zivilprozeßrechte.

1. Der verwitwete Privatier Johann Moser in Zaundorf hat bei dem dortigen Amtsgerichte am 3. Oktober 1892 den Antrag gestellt, über sein Vermögen den Konkurs zu eröffnen. Das Amtsgericht hat diesem Antrage bei der nachgewiesenen Zahlungsunfähigkeit des Johann Moser am 5. Oktober vormittags 11 Uhr entsprochen und den Eröffnungsbeschluß in der am gleichen Tage nachmittags 5 Uhr ausgegebenen „Zaundorfer Zeitung", dem für die Veröffentlichungen des Gerichts bestimmten Blatt, bekannt gemacht.

Inzwischen, in der Nacht vom 4. auf den 5. Oktober 1892, ist Johann Moser plötzlich gestorben; die vom Amtsgerichte angeordnete besondere Zustellung des Eröffnungsbeschlusses an den Genannten mußte deshalb unterbleiben.

Der Schmied Jakob Moser in Zaundorf, der einzige Nachkomme des Johann Moser, der die Erbschaft des letzteren ohne die Rechtswohlthat des Inventars angetreten hat, stellte nun am 11. Oktober an das Amtsgericht Zaundorf den Antrag, den Konkurseröffnungsbeschluß, den er für gesetzwidrig erachte, wieder aufzuheben.

Das Amtsgericht wies diesen Antrag mit Beschluß vom 12. Oktober 1892 als unbegründet ab, und das Landgericht verwarf durch Beschluß vom 15. Oktober die von Jakob Moser gegen die beiden Entscheidungen des Amtsgerichts vom 5. und 12. Oktober rechtzeitig und in der vorgeschriebenen Form erhobene sofortige Beschwerde als unzulässig, weil Jakob Moser zur Beschwerdeführung nach Maßgabe der Bestimmung des § 101 der Konkursordnung nicht legitimiert sei.

Sind die Beschlüsse des Amtsgerichts und des Landgerichts vom 12. und 17. Oktober 1892 gerechtfertigt, und wie hat das Oberlandesgericht zu entscheiden, wenn Jakob Moser gegen den landgerichtlichen Beschluß vom 17. Oktober in der vorgeschriebenen Form und Frist die weitere Beschwerde ergreift?

2. Sieben Arbeiter, Bauer, Ertl, Schwarz, Müller, Grüner, Brand und Kaiser des Baumeisters Huber, welche gemeinschaftlich die Herstellung eines Neubaues in M für Huber übernommen hatten, gerieten über die Verteilung des Lohnes, den Huber der getroffenen Vereinbarung gemäß an die Vorarbeiter Bauer und Ertl ausbezahlt hatte, in Streit.

Schwarz, Müller, Grüner, Brand und der Kaufmann Mayer, welchem Kaiser seinen Anspruch zediert hatte, erhoben bei dem für den Bezirk der Gemeinde M errichteten Gewerbegericht gegen Bauer und Ertl Klage mit der Bitte, jeden der beiden Beklagten zu verurteilen, an jeden der Kläger 130 ℳ, sohin in Summe 1300 ℳ zu bezahlen. In der Verhandlung ermäßigten die Kläger jedoch ihren Anspruch auf 1100 ℳ. Das Gewerbegericht, welches ihre Forderungen nur bis zum Betrage von 90 ℳ für berechtigt erachtete, erließ am 3. Oktober 1892 ein Urteil, in welchem es jeden der Beklagten verurteilte, an jeden der Kläger 90 ℳ zu bezahlen. Die Kosten wurden den Beklagten auferlegt und in einem gesonderten Beschlusse vom 4. Oktober 1892 auf 35 ℳ (30 ℳ Gebühr, weil der Wert des Streitgegenstandes 1300 ℳ betrage und 5 ℳ Auslagen der 5 Kläger) festgesetzt. Einen Ausspruch über die vorläufige Vollstreckbarkeit enthielt die Formel des Urteils nicht; in den Gründen war bemerkt, ein solcher Ausspruch sei nicht veranlaßt, weil das Urteil durch kein Rechtsmittel angreifbar und deshalb sofort vollstreckbar sei.

Die Kläger stellten hierauf an den Gerichtsschreiber des Gewerbegerichts den Antrag, ihnen eine vollstreckbare Ausfertigung des Urteils zu erteilen. Dieser wies jedoch den Antrag am 5. Oktober 1892 zurück, da die Annahme des Gewerbegerichts, als ob das Urteil vom 3. Oktober 1892 durch kein Rechtsmittel anfechtbar sei, auf einem Irrtum beruhe.

a. Können die Kläger und die Beklagten oder einzelne derselben eine Abänderung der Entscheidungen vom 3. und 4. und des Bescheides vom 5. Oktober 1892 herbeiführen und auf welchem Wege?
b. Wie haben im Falle einer zulässigen Anfechtung die Entscheidungen des zuständigen Gerichtes zu lauten, wenn jeder der Kläger 90 ℳ wirklich zu fordern hat?
c. Wie wären die obigen beiden Fragen zu beantworten, wenn die 5 Kläger selbst vor der Urteilsfällung ihre Ansprüche auf je 90 ℳ ermäßigt hätten?

Neben den Reichsgesetzen und den für ganz Bayern gemeinsamen Gesetzen haben die Kandidaten, welche die Prüfung in den Landesteilen rechts des Rheines ablegen, die für das rechtsrheinische Bayern geltenden Gesetze sowie das Gemeine Recht mit den für das ganze Gebiet desselben in Bayern geltenden Landesgesetzen, die Kandidaten, welche die Prüfung in der Pfalz ablegen, das dort geltende Landesrecht anzuwenden.

Die Entscheidungen sind zu begründen.

II. Aufgabe
aus dem Zivilprozeßrechte.

1. Der Kaufmann Schwarz hat gegen den Kaufmann Huber Klage auf Bezahlung von 100 ℳ mit der Begründung erhoben, daß Huber von ihm Waren um 1000 ℳ bezogen, hieran aber nur 900 ℳ bezahlt habe. Der Preis von 1000 ℳ sei ausdrücklich vereinbart worden; der Beklagte wäre aber auch, wenn eine Vereinbarung über den Preis nicht getroffen worden wäre, zur Bezahlung eines Preises von 1000 ℳ deshalb verpflichtet, weil ein solcher Preis wertentsprechend und marktüblich wäre.

Huber hat die Abweisung der Klage beantragt, weil

ein Preis zwischen ihm und dem Kläger nicht vereinbart worden sei und der marktübliche Preis nur 900 ℳ betrage.

Das Amtsgericht gelangte auf grund der Beweisaufnahme zur Überzeugung,

1. daß der Marktpreis nur 900 ℳ betragen habe,
2. daß aber zwischen den Parteien ein bestimmter Preis verabredet worden sei und
3. daß nach den Aussagen der vernommenen Zeugen die Wahrscheinlichkeit dafür spreche, der vereinbarte Preis habe sich auf 1000 ℳ belaufen,

und erkannte auf den Eid des Klägers,

daß ihm der Beklagte für die gelieferten Waren einen Kaufpreis von 1000 ℳ zugesagt habe;

für den Fall der Leistung dieses Eides solle der Beklagte verurteilt werden, 100 ℳ zu bezahlen, für den Fall der Nichtleistung des Eides soll die Klage abgewiesen werden.

Gegen dieses Urteil hat der Beklagte Huber die Berufung ergriffen und gebeten, die Klage abzuweisen, während der Kläger die Verwerfung der Berufung des Beklagten beantragt hat.

Wie hat das Berufungsgericht zu entscheiden, wenn es die Überzeugung gewinnt,

daß zwischen den Parteien ein Kaufpreis nicht vereinbart worden ist und daß der Marktpreis der Ware 1000 ℳ beträgt?

2. Der Bauer August Katz in Tölz, der dem Kaufmann Hugo Berger in Augsburg laut rechtskräftigen Urteils des Amtsgerichts Tölz vom 20. Jänner 1892 zweihundertfünfzig Mark Darlehen schuldete, schenkte und übergab am 21. Jänner 1892 eine hypothekfreie Waldung im Werte von 400 ℳ seinem Bruder Otto Katz in Tölz. Da August Katz sonstige der Zwangsvollstreckung unterliegende Vermögensstücke nicht besaß, erhob Berger gegen Otto Katz Anfechtungsklage zum Amtsgerichte Tölz, welches den Otto Katz durch vorläufig vollstreckbar erklärtes Urteil vom 13. April 1892 für schuldig

erkannte, zur Befriedigung der Darlehensforderung des Hugo Berger die Zwangsvollstreckung in die Waldung zu gestatten.

Mit Beschluß des Amtsgerichtes Augsburg vom 16. April 1892 wurde die Darlehensforderung des Hugo Berger zu gunsten einer Forderung des Friedrich Dorn, eines Gläubigers des Hugo Berger, gepfändet und dem Dorn an Zahlungsstatt zum vollen Betrage überwiesen.

Am 25. April 1892 stellte Friedrich Dorn an die Gerichtsschreiberei des Amtsgerichts Tölz unter Vorlage des Pfändungsbeschlusses vom 16. April 1892, „aus welchem sich die Übertragung der Darlehensforderung sowie der Übergang des mit derselben untrennbar verbundenen Anfechtungsanspruches ergebe", den Antrag, für ihn als Rechtsnachfolger des Hugo Berger vollstreckbare Ausfertigung der beiden Urteile vom 20. Jänner und 13. April 1892 zu erteilen. Der Gerichtsschreiber entsprach auf Anordnung des Amtsrichters am 26 April 1892 diesem Antrage.

Als aber Dorn nunmehr gegen Otto Katz vorgehen wollte, stellte sich heraus, daß der letztere, dem das Urteil des Amtsgerichts Tölz vom 13. April 1892 am 19. April 1892 zugestellt worden war, laut notarieller Urkunde vom 21. April 1892 die Waldung seiner Stieftochter Anna Huber „als Vergütung für geleistete häusliche Dienste" abgetreten und übergeben hatte.

Dorn stellte nunmehr unter Vorlage einer beglaubigten Abschrift der notariellen Urkunde vom 21. April 1892 und unter Zurückgabe der ihm am 26. April 1892 erteilten Ausfertigung des Urteils vom 13. April 1892 an die Gerichtsschreiberei des Amtsgerichtes Tölz den Antrag, ihm eine gegen Anna Huber als Rechtsnachfolgerin des Otto Katz vollstreckbare Ausfertigung des Urteils vom 13. April 1892 zu erteilen. Der Gerichtsschreiber entsprach auf Anordnung des Amtsrichters diesem Antrage und erteilte am 14. Mai 1892

„dem Friedrich Dorn, ausweislich des Pfändungsbeschlusses des Amtsgerichtes Augsburg vom 16. April 1892 Rechtsnachfolger des Hugo Berger, zum Zwecke

der Zwangsvollstreckung gegen Anna Huber, ausweislich des notariellen Vertrags vom 21. April 1892 Rechtsnachfolgerin des Otto Katz"
die erbetene Ausfertigung des Urteils vom 13. April 1892.

Entspricht die am 26. April und die am 14. Mai 1892 erfolgte Erteilung der vollstreckbaren Ausfertigungen für Friedrich Dorn und gegen Otto Katz und Anna Huber den gesetzlichen Vorschriften?

Von wem und auf welchem Wege kann die Erteilung jener Ausfertigungen angefochten werden?

Gesetzt, Friedrich Dorn hätte auf grund der am 14. Mai 1892 erteilten vollstreckbaren Ausfertigung die Beschlagnahme der Waldung gegen Anna Huber erwirkt, auf welchem Wege könnte Anna Huber die Aufhebung der Beschlagnahme herbeiführen, wenn sie zu beweisen vermöchte, sie habe davon, daß die Waldung jemals dem August Katz gehört und daß dieser sie seinem Bruder Otto Katz geschenkt habe, keine Kenntnis gehabt?

Neben den Reichsgesetzen und den für ganz Bayern gemeinsamen Gesetzen haben die Kandidaten, welche die Prüfung in den Landesteilen rechts des Rheins ablegen, die für das rechtsrheinische Bayern geltenden Gesetze sowie das Gemeine Recht mit den für das ganze Gebiet desselben in Bayern geltenden Landesgesetzen, die Kandidaten, welche die Prüfung in der Pfalz ablegen, das dort geltende Landesrecht anzuwenden.

Die Entscheidungen sind zu begründen.

I. Aufgabe
aus dem Strafrechte.

1. Rosa Lang, Dienstmagd bei dem Krämer Georg Wagner und in dessen häuslicher Gemeinschaft, eignete sich

am 1. Juni, 15. Juli und 28. August 1892 rechtswidrig je 20 ℳ aus der Kasse ihres Dienstherrn an. Zu der ersten Entwendung hatte sie der Sohn des letzteren, Anton Wagner, zu dem sie in vertrauten Beziehungen stand und welcher das Geld zur Bereinigung einer Schuld benötigte, selbst aber nicht unbemerkt zur väterlichen Kasse gelangen konnte, durch anhaltendes Bitten vorsätzlich bestimmt. Die folgenden Diebstähle beging Rosa Lang aus eigenem Antrieb, wenn auch lediglich zu dem Zwecke, das fortgesetzte Geldbedürfnis des Anton Wagner befriedigen zu können. Dieser nahm auch von Rosa Lang das durch die zwei ersten Diebstähle erlangte Geld jedesmal an, obwohl ihm bekannt war, auf welche Art es die Lang erworben hatte, und verwendete es zur Bezahlung von Spiel- und Zechschulden. Bei dem dritten während des vormittägigen Gottesdienstes verübten Diebstahl hingegen wurde Rosa Lang von ihrem Dienstherrn auf frischer That ertappt und derselben das entwendete Geld wieder abgenommen.

Georg Wagner hatte auch bereits am 15. Juli den Abgang von 20 ℳ in seiner Kasse bemerkt; doch erlangte er erst am 31. August, als Rosa Lang auf wiederholten Vorhalt auch diesen Diebstahl zugab, von der Art des Abhandenkommens und der Person der Diebin Kenntnis. Da Rosa Lang gestattete, daß Georg Wagner sich an ihrem Dienstlohn schadlos halte, erklärte letzterer noch am 31. August auf bezügliche Anfrage des betreffenden Gendarmerie-Stationskommandanten, daß er weder wegen des Diebstahls am 28. August, noch wegen jenes vom 15. Juli Strafantrag stelle.

Am 15. Oktober, nachdem inzwischen Rosa Lang von Georg Wagner aus dem Dienste entlassen worden war, auch Anton Wagner seine Beziehungen zu ihr, da sie sich schwanger fühlte, gelöst und sie selbst verschiedenen Personen den vollen oben dargelegten Sachverhalt mitgeteilt hatte, erfuhr Georg Wagner auch noch den Diebstahl vom 1. Juni und zugleich die Rolle, welche sein Sohn bei den verschiedenen Diebstählen gespielt hatte. Besorgt für den Ruf des letzteren begab sich

Georg Wagner zu dem Vater der Rosa Lang, dem Bäcker Joseph Lang, und erklärte demselben in großer Erregung, daß wenn sich Rosa Lang noch einmal unterstehen sollte, mit ihren Diebstählen irgendwie seinen Sohn in Verbindung zu bringen, er rücksichtslos gegen dieselbe vorgehen werde. Joseph Lang, hiedurch sichtlich geängstigt, versprach, seine Tochter zum Stillschweigen zu veranlassen, und bot Georg Wagner vollen Ersatz des noch nicht gedeckten Schadens an, falls derselbe schriftlich auf Stellung eines Strafantrages verzichten würde. In Ausnützung der Angst des Joseph Lang erklärte nun Georg Wagner, obwohl von der Wahrheit der gegen seinen Sohn erhobenen Beschuldigungen überzeugt, daß ihm der bloße Ersatz seines Schadens nicht genüge, daß er vielmehr als Entgelt für den gewünschten Verzicht 200 ℳ und die Zurücknahme der von Rosa Lang gegen seinen Sohn erhobenen Beschuldigungen verlange. Schließlich begnügte sich Georg Wagner mit 100 ℳ, die ihm Joseph Lang bezahlte, und mit der schriftlichen Erklärung der Rosa Laug, daß alles, was sie über Anton Wagner bezüglich der Diebstähle und seiner Beziehungen zu ihr ausgesagt habe, unwahr sei, wogegen vereinbarungsgemäß Georg Wagner der Rosa Lang und ihrem Vater gegenüber schriftlich auf die Stellung eines Strafantrags wegen der Diebstähle verzichtete.

Ungeachtet dieses Verzichts stand jedoch bei Georg Wagner der Entschluß fest, den er vor seiner Unterredung mit Joseph Lang gefaßt und inzwischen nicht einen Augenblick aufgegeben hatte, Strafantrag zu stellen, falls ihm dies zweckmäßig erscheinen würde, und als daher trotz der von der Familie Lang nunmehr beobachteten Zurückhaltung die öffentliche Meinung sich immer entschiedener gegen seinen Sohn kehrte, reichte er wirklich in Ausführung jenes Entschlusses am Nachmittag des 28. November wegen sämtlicher Diebstähle schriftlichen Strafantrag gegen Rosa Lang bei dem betreffenden Amtsanwalt ein. Er bemerkte in dem Schriftstücke, daß Gerüchte seinen Sohn mit den Diebstählen in Verbindung gebracht hätten, Rosa Lang selbst aber diese Gerüchte für unbegründet erklärt habe und er deshalb ausdrücklich seinen Strafantrag auf die Rosa Lang beschränke.

Da diese von dem Schritte des Georg Wagner Kenntnis erhielt, übergab sie unmittelbar nach Einlauf des Strafantrags noch am 28. November dem Amtsanwalt auch die ihr von Georg Wagner am 15. Oktober ausgestellte Verzichtserklärung. Über die von Georg Wagner am 31. August dem Stationskommandanten abgegebene Erklärung hatte dieser schon am 1. September an den Amtsanwalt berichtet.

1. Ist nnter der Annahme, daß die Diebstähle bei den obwaltenden Umständen Sachen von unbedeutendem Werte betreffen, wegen der im ersten Absatz aufgeführten strafbaren Handlungen Strafverfolgung in der Richtung a) gegen Rosa Lang, b) gegen Anton Wagner zulässig?
2. Erscheint etwa auch Georg Wagner strafbar?

2. Der Zimmermann Maier, welchen sein Heimweg von der Arbeit an einem Weiher vorbeiführte, sah hart am Rande einen Mann knieen, der ihm den Rücken zukehrte und eben im Begriffe war, sein Schnupftuch zu waschen. Er glaubte bei der herrschenden Dämmerung den ihm befreundeten Maurer Huber zu erkennen, schlich sich unbemerkt an denselben heran und gab ihm aus Scherz, um ihn zu erschrecken, von rückwärts mit der flachen Hand einen Schlag auf die Schulter. Der Geschlagene drehte sich rasch um, verlor hiebei aber das Gleichgewicht, fiel ins Wasser und gerict hiedurch bei der Tiefe und dem schlammigen Grund des Weihers, znmal er auch nicht schwimmen konnte, in augenscheinliche Lebensgefahr. Maier hatte die Geistesgegenwart rasch eine in der Nähe wahrgenommene Stange zu ergreifen, mittels deren er den Gefährdeten leicht aus dem Wasser ziehen konnte. In dem Augenblicke jedoch, als letzterer die ihm entgegengehaltene Stange ergreifen wollte, sah Maier, daß er es nicht mit Huber, sondern mit seinem ärgsten Feinde, dem Söldner Schmid zu thun habe. Dieser war tagszuvor auf grund

einer Zeugenaussage des Maier wegen Körperverletzung zu mehrmonatlicher Gefängnisstrafe verurteilt worden nnd hatte hierauf dem Maier gedroht, daß er sich blutig rächen werde, eine Drohung, die bei dem Charakter des bösartigen und gewaltthätigen Mannes nicht leicht zu nehmen war und auch wirklich Maier in einige Aufregung versetzte. Der Gedanke hieran ließ nun Maier den Tod des Schmid als ein wünschenswertes Ereignis erscheinen; auch erwachte in Maier die Befürchtung, es könnte Schmid im Falle seiner Errettung behaupten, daß er absichtlich ins Wasser gestoßen worden sei. Schnell entschlossen zog daher Maier die Stange, welche Schmid eben ergreifen wollte und die ihn gerettet haben würde, nach Lage der Umstände auch allein retten konnte, wiederum zurück, und im nächsten Augenblick verschwand Schmid, wie Maier vorausgesehen hatte, unter dem Wasser. Die Leiche wurde erst nach einigen Tagen entdeckt, worauf Maier von Gewissensbissen gefoltert, sich selbst anzeigte.

Wie ist die Handlungsweise des Maier strafrechtlich zu beurteilen?

3. Die Handlungsgehilfen Schorn und Cremer bewohnten gemeinsam ein Zimmer. Schorn war ebenso schwach mit Wäsche wie mit Geld versehen, wogegen Cremer wenigstens an ersterer keinen Mangel hatte. Schorn benützte daher fortgesetzt die Wäsche des Cremer, welche er sich heimlich durch Öffnung der Kommode des letzteren mittels falschen Schlüssels verschaffte, und legte die getragene Wäsche in den Korb, in welchem Cremer seine getragene Wäsche bis zum jeweiligen Abholen derselben seitens der Wäscherin aufzubewahren pflegte. Cremer, durch die erhöhten Rechnungen der Wäscherin und die rasche Abnützung seiner Wäsche mißtrauisch geworden, kam schließlich dem Hergang der Sache auf die Spur.

Kann Cremer mit Aussicht auf Erfolg die Bestrafung des Schorn beantragen.

Die Entscheidungen sind zu begründen.

II. Aufgabe
aus dem Strafrechte.

1. In der Staatswaldung bei N wurde durch einen zum Jagen nicht Berechtigten ein Rehbock geschossen. Der Verdacht der Thäterschaft richtete sich gegen den Bauer Mathias Pflug, und selbst dessen Ehefrau Katharina war so sehr von seiner Schuld überzeugt, daß sie zur Abwendung der befürchteten Anzeige die Bestechung des betreffenden Forstbeamten, Kgl. Försters Hubert Gruner, beschloß. Sie besuchte zu diesem Zwecke des letzteren Ehefrau, Anna Gruner, klagte, daß man ihren Mann unschuldig eines Jagdfrevels verdächtige, und ersuchte sie, in ihrem, der Pflug Namen, den Förster zu bitten, daß dieser ihren Mann nicht ins Unglück bringe. Beim Fortgehen ließ sie wie aus Versehen eine gemästete Gans auf dem Tische liegen, welche Anna Gruner, obwohl nicht im Zweifel darüber, daß ihr Mann durch ein Geschenk zur pflichtwidrigen Unterlassung einer Anzeige bestimmt werden solle, dennoch ihrer Familie als Mittagbraten vorsetzte, indem sie behauptete, die Gans billig von einer Händlerin erworben zu haben. Erst nachdem die Gans verzehrt war, teilte Anna Gruner dem Förster mit, wie sie in deren Besitz gelangt war. Der Förster, dem die Gans wohl gemundet hatte, erklärte, daß sich die Sache nun nicht mehr ändern lasse, verbot indes seiner Frau, je wieder ein derartiges Geschenk anzunehmen. Anzeige gegen Mathias Pflug wegen des Jagdfrevels unterließ er, jedoch nur deshalb, weil er die Verdachtsgründe gegen denselben nicht für ausreichend erachtete und bereits dem wirklichen Thäter, einem gewissen Müller, auf der Spur war. Katharina Pflug aber glaubte, daß sie ihrem Geschenke die Nichtverfolgung ihres Mannes zu danken habe, und beschloß daher, als derselbe nach einiger Zeit abermals in den Verdacht eines Jagdvergehens kam (welches er, wie Katharina Pflug wußte, auch wirklich begangen hatte), auf ähnliche Weise wie das erste Mal einer Strafeinschreitung vorzubeugen. Selbst durch Krankheit

am Ausgehen verhindert, schickte sie durch ihr achtjähriges Mädchen einen Brief an die Anna Gruner, worin sie dieser von dem neuerlichen Verdachte Mitteilung machte, sie unter der Versicherung, daß ihr Mann wie das letzte Mal unschuldig sei, wiederum um ihre Vermittlung bei dem Förster ersuchte und schließlich bemerkte, sie sei demselben für die ihrem Manne schon einmal bewiesene Nachsicht sehr dankbar, werde als Beweis hiefür eines ihrer Ferkel schicken, sobald dieselben groß genug seien, und wünschte dem Herrn Förster guten Appetit hiezu. Katharina Pflug wußte hiebei nicht, daß die Adressatin in der vorausgegangenen Nacht gestorben war. Ihr Mädchen traf daher, als sie in deren Wohnung kam, nur den Förster an, welcher sich, da er sofort vermutete, daß es wieder auf eine Bestechung abgesehen sei, den Brief behändigen ließ und denselben uneröffnet an die Staatsanwaltschaft einschickte, die er hiebei auch von dem Vorfall mit der Gans in Kenntnis setzte. Anzeige wegen des zweiten Jagdvergehens hatte der Förster in der Richtung gegen Mathias Pflug bereits erstattet.

Wie ist die Handlungsweise der Katharina Pflug, des Hubert Gruner und der Anna Gruner im Hinblick auf die §§ 331 bis 333 des Strafgesetzbuches zu beurteilen?

2. Dem Wirte Zapf wurden 10 Hühner entwendet. Seine geheimen Nachforschungen führten auf den Viktualienhändler Stopfer als Thäter, welcher die Hühner auch wirklich gestohlen hatte. Zapf begab sich daher zu Stopfer, ließ sich durch denselben unter dem Vorwand, daß er Hühner kaufen wolle, in dessen allseitig mit einem hohen Gitter umgebenen Geflügelhof führen und verlangte nun die Zurückgabe seiner Hühner, nachdem er sich von deren Vorhandensein überzeugt hatte. Stopfer erklärte barsch, bei ihm befänden sich keine fremden Hühner, und wenn Zapf etwas von ihm wolle, möge er ihn verklagen. Dieser hingegen, welcher die Hühner dringend in seiner Wirtschaft benötigte und bei jeder Verzögerung gewärtigen mußte, dieselben dauernd zu verlieren, auf etwaigen Schadenersatz aber bei der notorischen Überschuldung des

Stopfer kaum rechnen konnte, wiederholte sein Verlangen und begann, als Stopfer statt weiterer Antwort ihn zum sofortigen Verlassen seines Besitztums aufforderte, die Hühner zusammenzufangen und in dem mitgebrachten Korbe unterzubringen. Stopfer suchte dies zwar gewaltsam zu verhindern; Zapf packte ihn aber beim Arme und schleuderte ihn mit solcher Gewalt von sich, daß Stopfer, welcher die ihm weit überlegene Kraft des Zapf kannte und nicht ohne Grund dessen Zorn fürchtete, der Wegnahme der Hühner nun keinen weiteren Widerstand mehr entgegensetzte. Während des Zusammenfangens der eigenen Hühner nahm übrigens Zapf, um sich für die Unverschämtheit des Stopfer zu rächen, einer plötzlichen Eingebung folgend, unbemerkt auch zwei vermeintlich dem Stopfer gehörige Hühner an sich. Später stellte sich heraus, daß ihm auch diese beiden Hühner und zwar schon einige Tage vor der Entwendung der 10 Hühner von Stopfer gestohlen worden waren. Stopfer, wegen der Diebstähle verfolgt, beantragt auch die Bestrafung des Zapf.

Kann Zapf verurteilt werden.

3. Die Studenten Mark und Süß verehrten beide die gleiche Dame und hofften, dieselbe abends auf einem Balle, den sie beide besuchen wollten, zu treffen. Zur Fernehaltung des ihm lästigen Konkurrenten vom Balle benützte Mark den Umstand, daß Süß ein schwacher Trinker war, indem er denselben überredete, vor dem Balle mit ihm eine Weinwirtschaft zu besuchen, wo er es durch fleißiges Zutrinken und fortgesetzte Scherze über die geringe Leistungsfähigkeit des Süß dahin brachte, daß dieser sich einen tüchtigen Rausch antrank. Mark führte nun den Süß auf dessen Zimmer, welches sich neben dem seinigen befand, legte ihn auf das Bett, wo er sofort in tiefen Schlaf versank, sperrte, um zu verhindern, daß Süß im Falle vorzeitigen Erwachens doch noch den Ball besuche, dessen Zimmer von außen ab und steckte den Schlüssel zu sich. Als Mark in später Nachtstunde zurückkehrte, überzeugte er sich nach Öffnung der Thüre, daß Süß inzwischen nicht erwacht war, also auch sein Eingesperrtsein nicht bemerkt

hatte. Wäre derselbe inzwischen erwacht, hätte er sich, um das im zweiten Stockwerk gelegene Zimmer verlassen zu können, erst seiner Mietgeberin — welche einen zweiten Zimmerschlüssel besaß und sich abends und während der Nacht immer zu Hause befand — durch Klopfen an die Thüre bemerkbar machen müssen, auf die Gefahr hin, den Unwillen der alten Frau zu erregen, welche sehr auf Ruhe und Ordnung im Hause hielt. Der Gegenstand der Verehrung der beiden Studenten, dessentwegen allein der Ball für sie Interesse hatte, war nicht auf demselben erschienen, und auch sonst hatte die Sache für Süß außer, heftigen einen Tag andauernden Kopfschmerzen als naturgemäßer Folge des seine Kräfte übersteigenden Weingenusses keinen Nachteil. Gleichwohl möchte Süß die Bestrafung des Mark wegen Körperverletzung und widerrechtlicher Gefangenhaltung beantragen.

Kann er dies mit Aussicht auf Erfolg?

Die Entscheidungen sind zu begründen.

I. Aufgabe
aus dem Strafprozeßrechte.

1. Robert Voll war vom 1. September 1875 bis August 1892 als Kämmerer (Kassier) der Gemeindeverwaltung der mittelbaren Stadt F aufgestellt und verpflichtet. Als solchem oblag ihm die Einnahme und Verwaltung der sämtlichen städtischen Gefälle. Im August 1892 stellte sich bei einer von der zuständigen Behörde unvermutet vorgenommenen Kassenvisitation ein nicht unbeträchtliches Kassaminus gegenüber dem Sollausweise der Kassabücher heraus. Damit erschien der Verdacht eines Amtsvergehens begründet und es wurde deshalb das Strafverfahren eingeleitet. Es gelang in der Voruntersuchung nicht, die Ursache des Defizit vollständig aufzuklären; zum größten Teile lag dieselbe, obwohl einzelne bestimmte Fälschungshandlungen im Sinne des § 351 des

Strafgesetzbuches nicht nachweisbar waren, wohl in ungenauer und unregelmäßiger Buchführung sowie in der durch im Verlaufe der Jahre stets zunehmende Trunksucht hervorgerufenen oder doch gesteigerten Unfähigkeit des Voll zur Führung seines Amtes.

Dagegen war Voll geständig und auch durch Zeugen überführt, daß er das in seiner Amtskasse vorhandene Defizit schon im Jahre 1890 erkannt und zur Verdeckung desselben bei den Kassavisitationen der Jahre 1890 und 1891 den jeweiligen Fehlbetrag, der sich im Jahre 1890 auf 1120 ℳ belief und bis zur Visitation vom Jahre 1891 auf 1360 ℳ angewachsen war, sich jedesmal kurz vor der Visitation von einem ihm verschwägerten Bürger von F leihweise verschafft und in die Kasse gelegt, alsbald nach der Visitation aber wieder herausgenommen und dem Darleiher zurückgegeben habe.

Durch Beschluß der Strafkammer bei dem Landgerichte X, zu dessen Bezirk die Stadt F gehört, wurde der Anklageschrift des Staatsanwalts entsprechend gegen Robert Voll unter der Anklage wegen zwei im sachlichen Zusammenflusse stehender Vergehen im Amte nach § 350 des Strafgesetzbuches das Hauptverfahren vor der Strafkammer des Landgerichts X als erkennendem Gerichte eröffnet, weil nach den Ergebnissen der Voruntersuchung hinreichender Verdacht bestehe — nun folgt der Wortlaut des Eröffnungsbeschlusses —,

> „daß Voll durch zwei selbständige Handlungen Gelder, welche er in seiner amtlichen Eigenschaft als Kämmerer der Stadtgemeinde F in Gewahrsam hatte, nämlich bald nach der am 10. März 1890 bethätigten Kassavisitation einen Betrag von 1120 ℳ, dann bald nach der am 18. November 1891 vorgenommenen Visitation einen Betrag von 1360 ℳ durch Entnahme aus der Amtskasse sich rechtswidrig zugeeignet, sohin unterschlagen habe."

Auch aus der dem Voll gemäß § 199 der Strafprozeßordnung mitgeteilten Anklageschrift war weiteres über den Thatbestand nicht zu entnehmen.

In öffentlicher Sitzung der Strafkammer des Landgerichts X vom 1. Dezember 1892 kam die Sache zur Hauptverhandlung. Noch vor dem Aufrufe der geladenen Zeugen erbat sich der erst tagsvorher von dem Angeklagten gewählte Verteidiger, Rechtsanwalt Held, das Wort und stellte den Antrag,

> „das Gericht wolle, ohne in die Verhandlung einzutreten, die Sache an die beschließende Strafkammer zurückverweisen, weil der Eröffnungsbeschluß die dem Angeklagten zur Last gelegten Strafthaten nicht mit der für die Vorbereitung der Verteidigung unerläßlichen Bestimmtheit bezeichne und auch die Anklageschrift nichts bestimmteres darüber enthalte."

2. Der Staatsanwalt trat diesem Antrage als ungesetzlich entgegen, weil durch Erlassung des Beschlusses auf Eröffnung des Hauptverfahrens die Sache bei dem erkennenden Gerichte anhängig geworden sei und nicht mehr in das Vorverfahren zurückverwiesen werden könne. Das Gericht lehnte den Antrag des Verteidigers ab und trat in der Begründung dieses Beschlusses der Anschauung des Staatsanwalts bei.

Hierauf begann die Verhandlung; dieselbe wurde unter Beobachtung aller vorgeschriebenen Förmlichkeiten durchgeführt. Das nach Anhörung des Staatsanwalts und des Verteidigers verkündete Urteil — der Verteidiger hatte Freisprechung beantragt, eventuell seinen früheren Antrag auf Zurückverweisnng wiederholt — erkannte den Robert Voll zweier Vergehen im Amte nach § 350 des Strafgesetzbuchs schuldig und sprach gegen ihn hiewegen Gesamtstrafe von einem Jahre drei Monaten Gefängnis, fünfjährigen Verlust der bürgerlichen Ehrenrechte und die Verpflichtung zur Kostentragung aus.

Die auf die Prüfung der Schuldfrage bezügliche Stelle

der Entscheidungsgründe des Urteils lautete wörtlich, wie folgt:

„Durch das Geständnis des Angeklagten, durch die in der Hauptverhandlnng verlesenen Auszüge aus den von dem Angeklagten geführten Kassabüchern, sodann durch die eidliche Aussage des zeugschaftlich vernommenen Bürgermeisters von F ist zur vollen Überzeugung des Gerichts Nachstehendes erwiesen:

Der Angeklagte, über dessen Beamteneigenschaft zu der in Frage kommenden Zeit im Sinne des § 359 des Strafgesetz-Buchs kein Zweifel besteht, hat zur Deckung des Defizit, welches in der von ihm amtlich verwalteten Gemeindekasse gegenüber den Einträgen in den Kassabüchern jeweilig vorhanden war, kurz vor der am 10. März 1890 bethätigten Kassavisitation einen Betrag von 1220 ℳ in Bargeld und Banknoten, dann kurz vor der am 18. November 1891 erfolgten Kassavisitation einen Betrag von 1360 ℳ gleichfalls in Geld und Banknoten, welche Summe er von seinem Schwager N leihweise erhalten hatte, in die von ihm amtlich verwaltete Kasse gelegt und bei der Visitation dem visitierenden Beamten vorgezählt, sodann aber alsbald nach Abschluß des Visitationsgeschäftes Geldbeträge in gleicher Höhe wieder aus der Kasse genommen und seinem Schwager zurückbezahlt. Die entlehnten Geldstücke und Banknoten haben durch die Einlegung in die Amtskasse, durch die Vorzählung bei den Visitationen und jedenfalls auch durch die Vermischung mit den vorher schon in der Kasse befindlichen Geldern und Wertpapieren notwendig die rechtliche Eigenschaft von „Geldern und Wertpapieren, die der Angeklagte in amtlicher Eigenschaft in Gewahrsam hatte,“ erhalten und andererseits hat die Wiederherausnahme von Beträgen in gleicher Höhe aus der Kasse zum Zwecke der Bezahlung einer Privatschuld des Angeklagten ebenso gewiß eine rechtswidrige Zueignung durch letzteren in sich begriffen. Jede dieser Geldentnahmen enthält hienach den vollen Thatbestand des § 350 des Strafgesetzbuchs, und da jede dieser Strafthaten schon um des inmitteliegenden langen Zeitraumes willen auf einem selbständigen Willensakte beruhte, so mußte das Gericht zwei im sachlichen Zusammenflusse stehende Vergehen im Amte als gegeben erachten."

Der Verteidiger hat für den Angeklagten Revision eingelegt. Welche Revisionsanträge können mit Aussicht auf Erfolg gestellt werden und wie sind dieselben zu begründen?

(Zur Aufgabe gestellt ist hienach der Entwurf einer eingehend begründeten Revisionsschrift (§ 384 der Strafprozeßordnung). Dabei ist auch die Frage zu erörtern, ob der bei Beginn der Verhandlung erlassene, den Aussetzungsantrag des Verteidigers ablehnende Gerichtsbeschluß gerechtfertigt gewesen ist und ob aus diesem Beschlusse ein Revisionsgrund abgeleitet werden kann.)

2) Ein des Mordes und Raubes angeschuldigter, oft vorbestrafter Landstreicher befindet sich im Gefängnisse des Landgerichts Z in Untersuchungshaft. Die Voruntersuchung ist geschlossen und der Angeschuldigte hievon verständigt, die Anklageschrift dem Angeschuldigten mit der Aufforderung, innerhalb zehntägiger Frist etwaige Anträge nach § 199 der Strafprozeßordnung zu stellen, sowie mit der Bekanntgabe, daß ihm Rechtsanwalt A von amtswegen als Verteidiger beigegeben sei, mitgeteilt und Rechtsanwalt A von seiner Aufstellung als Verteidiger in Kenntnis gesetzt worden. Am zweiten Tage der vorerwähnten Frist berichtet der Gefängniswärter dem Untersuchungsrichter, daß er dem Angeschuldigten Fesseln angelegt habe, weil derselbe bei der Vorbereitung eines Entweichungsversuches betroffen worden und bei dessen Persönlichkeit die Wiederholung eines solchen Versuches und sogar gewaltsamer Widerstand gegen einen ihm etwa in den Weg tretenden Gefängnisbediensteten zu besorgen sei; der Gefängniswärter bittet deshalb um Genehmigung der Fesselung. Der Untersuchungsrichter leitet die Anzeige an den

Vorsitzenden der Strafkammer unter Hinweis auf den verfügten und dem Angeschuldigten bekannt gegebenen Schluß der Voruntersuchung. Die Anzeige gelangt an den Untersuchungsrichter zurück mit einem Beschlusse der Strafkammer, laut welchem diese zur Erteilung der nachgesuchten Genehmigung nicht sich, sondern den Untersuchungsrichter für zuständig erklärt, weil im Hinblick auf die Möglichkeit, daß der auf die Anklageschrift ergehende Gerichtsbeschluß eine Ergänzung der Voruntersuchung anordne, der definitive Schluß der Voruntersuchung erst dann eintrete, wenn ein Gerichtsbeschluß im Sinne der §§ 201 bis 203 der Strafprozeßordnung erlassen ist. Der Untersuchungsrichter leitet die Anzeige abermals an den Vorsitzenden der Strafkammer mit der schriftlichen Erklärung, daß er auf seiner Rechtsanschauung beharren müsse und sich demgemäß bei dem gegenwärtigen Stande des Verfahrens zur Erteilung der Genehmigung der Fesselung des Angeschuldigten, der mit dem Schlusse der Voruntersuchung seiner amtlichen Machtsphäre entrückt sei, nicht für zuständig erachte. Ein neuerlicher Beschluß der Strafkammer spricht aus, daß auch diese auf ihrer Ansicht beharre.

Welches Gericht oder welche Behörde ist befugt, mit rechtsverbindlicher Wirkung sowohl für den Untersuchungsrichter als für die Strafkammer diesen Zuständigkeitsstreit zu schlichten? Auf welchem Wege ist die Entscheidung dieses Gerichts oder dieser Behörde zu erwirken und wie ist zu entscheiden?

(Die Beantwortung dieser Frage ist entsprechend zu begründen. Von der in Bayern geltenden Dienst- und Hausordnung für die Gerichtsgefängnisse (Justizministerialblatt, 1883. S. 77 ff.) sind einschlägig die §§ 39 und 40.)

II. Aufgabe
aus dem Strafprozeßrechte.

1. Der in städtischen Diensten stehende Förster Ernst Jäger ist von dem Stadtmagistrate N mit dem Forst- und Jagdschutz in den im Stadtgemeindebezirke liegenden, der Gemeinde gehörigen Waldungen betraut und zu seiner Unterstützung ist ihm ein gleichfalls im Dienste der Stadtgemeinde stehender Gehilfe beigegeben. Letzteren Posten hatte der Forstgehilfe Hubert Grünhut inne, bis derselbe am 15. Juli 1892 als Förster in den Dienst einer Privatherrschaft trat.

Am 3. Juli 1892 hatte der in einer Nachbargemeinde von N wohnende Taglöhner Johann Mayer, welcher von dem Förster Jäger und dessen Gehilfen Grünhut öfter wegen verübter Forstfrevel angezeigt worden war, in einem Wirtshause zu N in Gegenwart vieler Gäste geäußert: „Der Förster Jäger und sein Gehilfe Grünhut sind beide Lumpen." Diese Äußerung wurde einige Wochen später dem Förster Jäger hinterbracht und derselbe stellte zu Protokoll der Gerichtsschreiberei des Amtsgerichts N am 1. September 1892 Strafantrag und Privatklage wegen der ihm angethanen Beleidigung gegen deren Urheber Johann Mayer. Es wurde das Hauptverfahren eröffnet. In der Hauptverhandlung vom 10. Oktober, in welcher für den Privatkläger ein Rechtsanwalt als bevollmächtigter Vertreter erschienen war, erging nach verhandelter Sache ein schöffengerichtliches Urteil, welches den in der Verhandlung persönlich anwesenden Johann Mayer eines an dem Privatkläger verübten Vergehens der Beleidigung schuldig erkannte und zu vier Wochen Gefängnis sowie zur Kostentragung verurteilte, außerdem auch Verfügung nach § 200 des Strafgesetzbuchs traf. Berufung wurde nicht eingelegt.

Am 2. November 1892 gelangte in den Einlauf des Amtsgerichts N eine von dem Rechtsanwalt Merk in N auf grund einer Vollmacht des früheren Jagdgehilfen Hubert Grünhut, dermalen gräflichen Försters in Z in Württemberg, gefertigte und unterzeichnete, den Erfordernissen des § 198 Abs. 1 der Strafprozeßordnung entsprechende Anklageschrift. In dieser war unter der Behauptung, daß Hubert Grünhut von der beleidigenden Äußerung, welche der Taglöhner Johann Mayer am 3. Juli 1892 in einem Wirtshause zu N über ihn und den Förster Jäger gemacht hatte, erst durch den Bericht, welchen die von ihm noch gehaltene Zeitung „N'er Tagblatt" über die Gerichtsverhandlung vom 10. Oktober 1892 enthielt, Kenntnis erlangte, seitens des Grünhut unter Stellung des Strafantrags Privatklage wegen der vorbezeichneten Beleidigung gegen den Taglöhner Johann Mayer erhoben und an das Amtsgericht der Antrag gestellt, das zur Einleitung des Strafverfahrens Erforderliche zu verfügen.

Rechtsanwalt Merk erhielt als Zustellungsbevollmächtigter des Grünhut am 10. November 1892 einen Beschluß des Amtsgerichts N zugestellt, durch welchen unter Hinweis auf § 415 der Strafprozeßordnung die für Hubert Grünhut erhobene Privatklage als unzulässig zurückgewiesen wurde.

1. Hat der Privatkläger gegen diesen Beschluß ein Rechtsmittel und welches? Wird dasselbe von Erfolg sein?
2. Gesetzt, das Rechtsmittel würde verworfen und Grünhut oder der von ihm bevollmächtigte Rechtsanwalt wendete sich nun an den Staatsanwalt bei dem für N zuständigen Landgerichte mit dem Antrage, die Verfolgung zu übernehmen und öffentliche Klage gegen Johann Mayer wegen der fraglichen Beleidigung zu erheben: Böte dieser Weg Aussicht auf Erfolg oder bestünde etwa für den Staatsanwalt sogar die Verpflichtung, diesem Antrage zu entsprechen, wenn der Staatsanwalt die Überzeugung gewinnt, daß die Verfolgung mit Rücksicht auf die öffentliche Bedienstung, welche Grünhut zur Zeit der Begehung der Beleidigung bekleidete, im öffentlichen Interesse liege? Könnte Grünhut, wenn er von der Staatsanwaltschaft abgewiesen würde, den Weg des § 170 der Strafprozeßordnung mit Aussicht auf Erfolg betreten?

3. Würde es für die Beantwortung der zweiten der unter Ziffer 1 gestellten Fragen einen Unterschied begründen, wenn in der Hauptverhandlung vom 10. Oktober 1892 der städtische Förster Jäger weder erschienen noch durch einen Rechtsanwalt vertreten gewesen wäre und deshalb das Schöffengericht ein den Angeklagten freisprechendes Urteil erlassen hätte? (Auch hier wird vorausgesetzt, daß der Strafantrag des Grünhut rechtzeitig gestellt ist.)

2. Auf eine Gendarmerieanzeige hin ist von dem zuständigen Amtsgerichte ein Strafbefehl auf drei Tage Haft lautend gegen den Maurer Michael Berger erlassen worden, weil dieser durch die Anzeige beschuldigt war, am 1. November 1892 in Verletzung feuerpolizeilicher Vorschriften mit Feuergewehr geschossen zu haben (§ 368 Ziff. 7 des Strafgesetzbuchs. Inhaltlich der Anzeige war durch diesen Schuß ein in der Nähe spielender Knabe verletzt worden; die Verwundung erschien aber als ganz leichter Natur und der Vater des vierjährigen Knaben hatte erklärt, daß er keinen Strafantrag stelle.

Der Maurer Michael Berger erhob gegen diesen Strafbefehl Einspruch. Es kam zur Hauptverhandlung; das Schöffengericht erließ nach verhandelter Sache Urteil im Sinne des Strafbefehls.

Nach Eintritt der Rechtskraft dieses Urteils starb der Knabe und zwar, wie auf grund der Leichenöffnung und der ärztlichen Gutachten anzunehmen ist, infolge der Schußverletzung.

Ist nun weitere Strafeinschreitung gegen Michael Berger zulässig und auf welchem prozessualen Wege etwa? Würde es einen Unterschied begründen, wenn Berger in der Einspruchsverhandlung vor dem Schöffengerichte unentschuldigt ausgeblieben und demzufolge der Einspruch ohne Beweisaufnahme verworfen worden wäre?

3. Gegen einen gewissen Martin Hauber ist auf grund des von dem Verletzten gestellten Strafantrags ein Straf-

verfahren wegen eines zum Schaden eines Angehörigen verübten Diebstahlsvergehens eingeleitet. Das Ermittlungsverfahren ist abgeschlossen und der Staatsanwalt hat am 14. November 1892 die Akten an die Strafkammer geleitet mit einer Anklageschrift, in welcher die Eröffnung des Hauptverfahrens gegen Martin Hauber wegen des näher beschriebenen Diebstahls vor der Strafkammer des Landgerichts als erkennendem Gerichte beantragt ist. Die Anklageschrift wurde gemäß § 199 der Strafprozeßordnung dem Angeschuldigten mitgeteilt; die dem letzteren zur Anbringung seiner Anträge gesetzte Frist läuft bis zum 1. Dezember. Am 20. November gelangt an den Staatsanwalt eine von dem Bestohlenen unterzeichnete, von dem zuständigen Bürgermeister bezüglich der Unterschrift beglaubigte Urkunde, in welcher die Zurücknahme des gegen Martin Hauber gestellten Strafantrags erklärt ist. Der Staatsanwalt leitet diese Urkunde an den Vorsitzenden der Strafkammer mit der kurzhändig darauf gesetzten Bemerkung, daß er die erhobene öffentliche Klage zurücknehme und um Rückleitung der Akten ersuche.

Darf der Vorsitzende diesem Ersuchen schlechthin entsprechen oder wie muß er sonst verfahren? Wie wäre es, wenn die Zurücknahme der öffentlichen Klage seitens des Staatsanwalts erklärt würde, ehe noch der Vorsitzende nach § 199 der Strafprozeßordnung verfügt hat?

Die Beantwortungen der Fragen 1 bis 3 sind unter Anführung der einschlägigen Gesetzesstellen entsprechend zu begründen.

Praktischer Fall
aus dem Justizfache.

Die Kandidaten haben die auf grund der mündlichen Verhandlung vom 30. November 1892 zu erlassende Entscheidung nach Maßgabe der in der Zivilprozeßordnung enthaltenen Vorschriften auszuarbeiten; die Darstellung des Thatbestandes kann unterbleiben. In den Entscheidungsgründen sind alle in den mündlichen Vorträgen geltendgemachten Gesichtspunkte zu würdigen.

Neben den Reichsgesetzen ist das Gemeine Recht mit den für dessen ganzes Gebiet in Bayern geltenden Landesgesetzen anzuwenden.

Der zur Rechtsanwaltschaft bei dem Königlichen Landgerichte Neustadt zugelassene Rechtsanwalt Werner erhob als Bevollmächtigter des Bürgermeisters Konrad Maier von Kirchheim gegen den in der Gefangenanstalt Hohenburg verwahrten Privatmann Ulrich Hofmann von Bregenz eine an das Königliche Landgericht Neustadt gerichtete Klage.

Auf Einreichung der Klageschrift bei der Gerichtsschreiberei des Prozeßgerichts wurde zur mündlichen Verhandlung des Rechtsstreits Termin auf den 30. November 1892 vormittags neun Uhr vor der ersten Zivilkammer des Landgerichts bestimmt.

Der Beklagte, dem die Klageschrift am 24. Oktober 1892 zugestellt wurde, bestellte als Prozeßbevollmächtigten den zur Rechtsanwaltschaft bei dem Prozeßgerichte zugelassenen Rechtsanwalt Hager.

Die Anwälte der Parteien wechselten die erforderlichen vorbereitenden Schriftsätze.

Die erste Zivilkammer des Prozeßgerichts war in der zur mündlichen Verhandlung des Rechtsstreits bestimmten Sitzung mit folgenden Richtern besetzt: Landgerichtspräsident

Rüger, Landgerichtsräte Schott und Träger. Als Gerichtsschreiber leistete Dienst der geprüfte Rechtspraktikant Schüler.

Bei dem Aufrufe der Sache waren die Rechtsanwälle Werner und Hager erschienen. Der Vorsitzende eröffnete die mündliche Verhandlung. Es verlas hierauf der Rechtsanwalt Werner aus der Klageschrift den Antrag:

„Das Königliche Landgericht wolle den Beklagten verurteilen, den im Bezirke der Gemeinde Kirchheim gelegenen Buchenhof an den Kläger herauszugeben und die Kosten des Rechtsstreites zu tragen,“

sodann der Rechtsanwalt Hager aus der Klagebeantwortungsschrift den Antrag:

„Das Königliche Landgericht wolle die Klage abweisen und den Kläger zur Tragung der Kosten des Rechtsstreites verurteilen.“

Der Vorsitzende erteilte hierauf das Wort dem Rechtsanwalte Werner. Dieser trug folgendes vor:

„Durch Beschluß des hiesigen Amtsgerichts vom 12. September dieses Jahres wurde der Bauer Bernhard Klaus von Buchenhof auf Antrag seiner Ehefrau für einen Verschwender erklärt und entmündigt. Als Vormund des Entmündigten wurde vom Amtsgerichte am 13. desselben Monats der Bauer Wolfgang Bichler von Kirchheim bestellt und verpflichtet. Nachträglich stellte sich jedoch heraus, daß diesem im Jahre 1888 die bürgerlichen Ehrenrechte auf fünf Jahre aberkannt worden sind. Das Amtsgericht enthob ihn deshalb am 30. September vom Amte des Vormunds und übertrug dieses am nämlichen Tage dem Bürgermeister Konrad Maier von Kirchheim, der sodann Tags darauf gesetzmäßig verpflichtet wurde.

Schon am 3. August dieses Jahres aber hatte sich die Ehefrau des Klaus bei dem Amtsgerichte eingefunden und vor dem Amtsrichter Baumer folgendes erklärt: Sie habe vor einigen Tagen zum Protokolle des Gerichtsschreibers den Antrag angebracht, ihren Ehemann als Verschwender zu entmündigen. Bis zur Entscheidung über den Antrag würden voraussichtlich noch einige Wochen vergehen. Gerade jetzt aber sei Gelegenheit gegeben, das Anwesen ihres Mannes, den in der Gemeinde Kirchheim gelegenen Buchenhof, vorteilhaft zu verkaufen, und der Kaufsliebhaber dränge auf sofortigen Abschluß des Vertrags. Würde dieser aufgeschoben werden bis zur Entmündigung und Bestellung des Vormunds, so sei zu befürchten, daß der Kauflustige sein Angebot zurückziehen werde. Sie beantrage daher, schon jetzt — einstweilen bloß zum Verkaufe des Anwesens — ihrem Mann einen Vormund zu bestellen. Der mit der Frau erschienene Bauer Johann Schneider von Kirchheim erklärte sich bereit, das Amt des Vormunds zu übernehmen. Auch Bernhard Klaus hatte sich eingefunden. Auf Mitteilung des von seiner Ehefrau gestellten Antrags und der Erklärung des Johann Schneider erklärte er: „Es ist mir ganz gleichgültig, was mit meinem Anwesen geschieht; meinethalb kann man es auch verkaufen. Ich unterschreibe aber das Protokoll nicht.“ Er verließ hierauf das Zimmer des Amtsrichters. Dieser faßte sodann einen Beschluß, der in dem Protokoll folgendermaßen festgestellt ist: „Da die Entmündigung des Bernhard Klaus beantragt, schon jetzt aber die Anordnung einer Fürsorge für sein Vermögen erforderlich ist, wird auf grund des § 600 der Zivilprozeßordnung der Bauer Johann Schneider als dessen Vormund für den Verkauf seines Anwesens bestellt. Der Amtsrichter verkündete den Beschluß der Ehefrau des Klaus und dem Johann Schneider und verpflichtete diesen als Vormund durch Abnahme des Handgelübdes.

Dies alles ergibt sich aus den auf dem Gerichtstische liegenden zwei Aktenheften des hiesigen Amtsgerichts, „betreffend die Entmündigung des Bauers Bernhard Klaus von Buchenhof“ und „betreffend die Vormundschaft über den entmündigten Bauer Bernhard Klaus von Buchenhof.“

Noch am nämlichen Tage beurkundete sodann der hiesige Notar Kramer einen Vertrag, durch den, wie es in der Urkunde heißt, „Johann Schneider als hiefür bestellter Vormund des Bauers Bernhard Klaus, dessen Entmündigung beantragt ist," den Buchenhof um 35000 ℳ an den Privatmann Ulrich Hofmann von Bregenz verkaufte. Eine Abschrift der Vertragsurkunde liegt in den Vormundschaftsakten. Im Absatze Nr. II des Vertrages ist festgestellt, daß die Uebergabe des Anwesens an den Käufer schon erfolgt ist. Der Absatz Nr. III enthält die Bestimmungen über die Entrichtung des Kaufpreises. Der Käufer übernahm hienach die auf dem Anwesen eingetragenen Hypothekschulden im Betrage von 34000 ℳ; den 1000 ℳ betragenden Rest des Kaufschillings verpflichtete sich der Käufer mit vier vom Hundert zu verzinsen und binnen längstens eines Vierteljahres zu bezahlen, Sicherheit hiefür wurde nicht bestellt. Der Notar legte die Urschrift des Vertrages am 4. August dem Amtsgerichte vor. Dieses setzte auf sie am folgenden Tage den Vermerk: „Obervormundschaftlich genehmigt. Neustadt am 5. August 1892. Königliches Amtsgericht. Baumer, Amtsrichter." Am 6. August erfolgte sodann die Umschreibung des Anwesens auf den Käufer im Hypothekenbuche.

Es liegt auf der Hand, daß das Amtsgericht am 3. August nicht berechtigt war, dem — damals noch nicht entmündigten — Bernhard Klaus einen Vormund zu bestellen, daß sohin Johann Schneider nicht befugt war, das Anwesen zu verkaufen.

Ich gebe ohne weiteres zu, daß es unter den obwaltenden Verhältnissen das zweckmäßigste, ja daß es notwendig ist, den Buchenhof zu verkaufen. Ich erkenne auch an, daß es in hohem Grade bedenklich gewesen wäre, dem Klaus selbst den Verkauf zu überlassen; bei seinem großen Leichtsinn würde er höchst wahrscheinlich das Anwesen noch viel tiefer unter seinem wahren Werte weggegeben haben, als es durch den von Schneider abgeschlossenen Vertrag geschehen ist. Allein um ihn bis zu der Entscheidung über den Entmündigungsantrag und der dann eintretenden Bestellung des Vormunds am Verkaufe zu hindern, hätte es andere, gesetzliche Mittel gegeben. Es ist, wie ich soeben schon angedeutet habe, auf dem eingeschlagenen Wege auch nicht einmal gelungen, die Interessen des Klaus gehörig zu wahren, denn das Anwesen ist und war schon damals erheblich mehr wert als 35000 ℳ.

Der Kläger ist deshalb nicht gesonnen, den Vertrag zu genehmigen, sondern er macht von dem Rechte Gebrauch, den für Klaus ungültigen Vertrag anzufechten. Er verlangt demgemäß die Aufhebung des Vertrags und die Wiederherstellung des früheren Zustands. Zu diesem Zwecke ist der Beklagte zu verurteilen, den Buchenhof an den Kläger zurückzugeben."

Der Vorsitzende erteilte hierauf das Wort dem Rechtsanwalte Hager. Dieser trug folgendes vor:

„Der Beklagte ist österreichischer Staatsangehöriger und hat seinen Wohnsitz in Bregenz. Es ist daher ein Gerichtsstand im Deutschen Reiche für ihn überhaupt nicht begründet. Wäre dies aber auch der Fall, so würde für die Klage auf keinen Fall das Landgericht Neustadt zuständig sein. Bei diesem Gerichte scheint die Klage deshalb erhoben worden zu sein, weil der Buchenhof in seinem Bezirke liegt. Allein im dinglichen Gerichtsstande könnte gegen den Beklagten, selbst wenn er Deutscher wäre und einen Wohnsitz im Deutschen Reiche hätte, nur eine dingliche Klage erhoben werden. Die Klage ist aber keine dingliche, sie ist nichts anderes als eine sogenannte Kondiktion, die Klage auf Zurückgabe eines angeblich ohne gerechten Grund gemachten Erwerbs, die unzweifelhaft persönlicher Natur ist. Als Gerichtsstand des Beklagten für eine persönliche Klage könnte äußersten Falls, weil er keinen Wohnsitz im Deutschen Reiche hat, sich aber unter Umständen in Deutschland befindet, die auf einen Aufenthalt von längerer Dauer hinweisen — er verbüßt in der Gefangenanstalt Hohenburg seit dem 1. Oktober dieses Jahres eine wegen Betrugs gegen ihn ausgesprochene Gefängnisstrafe von drei Jahren — nur das Gericht des Aufenthaltsortes, also das Landgericht Hohenburg, in Frage kommen. Die Klage wird daher schon wegen der Unzuständigkeit des Gerichtes abzuweisen sein.

Mein Antrag ist aber auch deshalb begründet, weil das thatsächliche Vorbringen des Klägers nicht geeignet ist, den Klageantrag zu rechtfertigen. Bevor ich dies darlege, habe ich indes die vom Vertreter des Klägers gegebene Darstellung des Sachverhalts in einem, mir nicht unerheblich scheinenden Punkte zu ergänzen. Der nun entmündigte Klaus trug sich schon seit längerer Zeit mit der Absicht, sein Anwesen zu verkaufen, und stand gegen Ende des Monats Juli dieses Jahres bereits in Unterhandlungen mit einem Kauflustigen. Er hätte das Anwesen, wenn man ihn selbst es hätte verkaufen lassen, um einen Spottpreis weggegeben, wie schon der Vertreter des Klägers zutreffend angedeutet hat. Es war sohin, wollte man ihn selbst gegen die Folgen seines Leichtsinns schützen, Gefahr im Verzuge. Schon in dem Entmündigungsantrage wurde daher auf diese Sachlage aufmerksam gemacht und um möglichst schleunige geeignete Verfügung gebeten. Der mit dem Entmündigungsverfahren befaßte Amtsrichter Becker war der Ansicht, daß unter den erwähnten Umständen die Anordnung einer einstweiligen Fürsorge für das Vermögen des Klaus erforderlich sei, und machte zum Zwecke dieser Anordnung dem Amtsgerichte als Vormundschaftsbehörde hievon Mitteilung. Dies war der Anlaß zu der am 3. August vor dem Amtsgerichte gepflogenen Verhandlung.

Schon aus diesem Zusammenhange mit der vom Amtsrichter Becker innerhalb seiner Zuständigkeit erlassenen Verfügung ergibt sich, daß der Kläger die Bestellung des Johann Schneider zum Vormunde des Klaus, die überdies unter ausdrücklicher Bezugnahme auf § 600 der Zivilprozeßordnung erfolgt ist, mit Unrecht als ungesetzlich bezeichnet. Ich gebe zu, daß es vielleicht zweckmäßiger gewesen wäre, die erforderlich gewordene Anordnung in der Form des Eintrags einer Verfügungsbeschränkung im Hypothekenbuche auszuführen. Allein die Wahl der zu treffenden Anordnung lag im Ermessen des Vormundschaftsrichters. Es hätte übrigens der Bezugnahme auf § 600 der Zivilprozeßordnung nicht einmal bedurft, um die Gesetzmäßigkeit der Anordnung erkenntlich zu machen; schon die Natur der Sache und die allgemeine Pflicht der Staatsgewalt, sich der Personen anzunehmen, die nicht im stande sind, selbst gehörig für sich zu sorgen, rechtfertigt das Verfahren des Amtsgerichts. Will man indes annehmen, die Zulässigkeit der am 3. August erfolgten Vormundsbestellung sei stillschweigend bedingt gewesen durch die künftige Entmündigung des Klaus, so kommt man zu dem nämlichen Ergebnisse, denn die Bedingung ist bekanntlich erfüllt worden, und die Erfüllung hat rückwirkende Kraft. Die Wirksamkeit der am 3. August erfolgten Bestellung eines Vormunds zum Zwecke des Verkaufs des Anwesens kann endlich auch deshalb nicht beanstandet werden, weil sich Klaus durch die damals abgegebene, vom Vertreter des Klägers schon mitgeteilte Erklärung der Bestellung unzweideutig unterworfen hat.

Johann Schneider war hienach berechtigt, als Vertreter des Klaus den Kaufvertrag abzuschließen, der Vertrag ist daher gültig und unanfechtbar. Er ist übrigens auch von der Vormundschaftsbehörde ausdrücklich genehmigt worden und dadurch jeder Anfechtung durch einen — von derselben Behörde bestellten — anderen Vormund entzogen, denn an die Entschließung der Vormundschaftsbehörde ist dieser ebenso gebunden wie sein Vorgänger. Unbewegliches Vermögen des Mündels könnte er ohnehin nicht ohne obervormundschaftliche Gestattung oder Genehmigung verkaufen, und die Behörde kann die einmal erteilte Genehmigung, aus der dem Käufer Rechte erwachsen sind, nicht zurücknehmen. Sie ist auch in der That nicht zurückgenommen worden.

Der Vertrag würde übrigens nicht einmal dann ungültig oder anfechtbar sein, wenn der Kläger darin recht hätte, daß es am 3. August noch nicht zulässig gewesen sei, dem Klaus — selbst nur für ein einzelnes Rechtsgeschäft und mit seiner eigenen Zustimmung — einen Vormund zu bestellen.

Die von Bernhard Klaus damals abgegebene Erklärung hat nämlich mindestens die rechtliche Bedeutung einer Bevollmächtigung des Schneider zum Verkaufe des Anwesens. Unerheblich ist hiebei selbstverständlich, daß Schneider in der Vertragsurkunde nicht als Bevollmächtigter, sondern als Vormund bezeichnet ist. Ja der Vertrag ist sogar dann gültig und für alle Beteiligten verbindlich, wenn man der Erklärung des Klaus die soeben erörterte rechtliche Bedeutung nicht zuerkennen will. In diesem Falle ist der Abschluß des Vertrags durch Schneider eine für Klaus und seine nunmehrige Vormundschaft verbindliche Geschäftsführung. Schneider hat, indem er das Anwesen verkaufte, nichts anderes gethan, als was Klaus selbst gethan haben würde, wenn man ihn hätte gewähren lassen. Ja daß Schneider das Anwesen verkauft hat, und nicht Klaus selbst, ist für diesen nur vorteilhaft, denn Schneider hat einen höheren Kaufpreis erzielt als der gewesen wäre, um den er selbst das Anwesen weggegeben hätte. Die Geschäftsführung Schneiders ist auch sowohl von Klaus als von dem ihm nach seiner Entmündigung bestellten Vormunde genehmigt worden. Klaus hat auf Verlangen des Käufers am 15. September mit seiner beweglichen Habe, soweit sie nicht als Zugehörung des Anwesens mit diesem verkauft war, den Hof verlassen, und sein früherer Vormund Wolfgang Bichler hat am 29. September von dem Käufer den Betrag von 500 ℳ in Empfang genommen, den dieser als Teil des Kaufpreisrestes von 1000 ℳ bezahlt hat.

Ich zweifle nicht im geringsten daran, daß das Gericht bei der Würdigung der in der Verhandlung zur Hauptsache von mir bisher gemachten Ausführungen zu einem anderen Ergebnisse als dem, daß der Klageantrag ungerechtfertigt ist, gar nicht gelangen kann. Nur vorsorglich also und unter vollständiger Wahrung der zu der Frage der Gültigkeit des Vertrags vom 3. August eingenommenen Stellung bemerke ich noch folgendes:

Der Beklagte wäre gar nicht imstande, das Anwesen zurückzugeben, weil er es nicht mehr besitzt. Er hat es schon am 20. September dieses Jahres an die Ehefrau des Bernhard Klaus verkauft und dieser übergeben. Der Beklagte wäre ferner auf keinen Fall schuldig, das Anwesen unentgeltlich zurückzugeben, sondern es müßten ihm die am Kaufpreisreste gezahlten 500 *M* erstattet werden. Diese Erstattung hätte sogar der Zurückgabe des Anwesens voranzugehen, denn der Beklagte hat wegen dieser Zahlung ein gesetzliches Zurückbehaltungsrecht an dem Anwesen und ist nicht gesonnen, auf dieses Recht zu verzichten. In dem hier vorausgesetzten äußersten Falle wäre daher bei der Feststellung der Urteilsformel auf dieses Verhältnis bedacht zu nehmen. Hiewegen einen förmlichen Antrag schriftlich zu stellen, halte ich nicht für veranlaßt, weil dem eine Zuvielforderung enthaltenden Klageantrag nur soweit stattzugeben, als er nach der Sach- und Rechtslage begründet ist, schon in der richterlichen Amtspflicht liegt."

Zur Entgegnung erhielt hierauf das Wort der Rechtsanwalt Werner. Dieser äußerte sich folgendermaßen:

„Die Zuständigkeit des Landgerichts Neustadt wird vom Beklagten mit Unrecht bestritten. Ob der Beklagte Inländer oder Ausländer ist, ob er in Deutschland einen Wohnsitz oder längeren Aufenthalt hat oder nicht, ist ganz gleichgültig.

Im Grunde genommen wird mit der Klage die Aufhebung eines Vertrags verlangt. Für solche Klagen ist das Gericht des Orts zuständig, wo die streitige Verpflichtung zu erfüllen ist. Diese Verpflichtung, nämlich die Zurückgabe des Anwesens, kann nur an dem Orte erfüllt werden, wo das Anwesen liegt. Es kann daher nicht zweifelhaft sein, daß die Klage im Gerichtsstande der belegenen Sache erhoben werden mußte.

Die zur Ergänzung meines thatsächlichen Vorbringens vom Vertreter des Beklagten gemachten weiteren Mitteilungen über die Vorgeschichte dieses Rechtsstreites sind wahr. Daß ihnen aber eine besondere Erheblichkeit zukomme, vermag ich nicht einzusehen. Eine rechtliche Grundlage für das vom Amtsgerichte als Vormundschaftsbehörde beliebte Verfahren bieten sie nicht. Davon, daß sich Bernhard Klaus der Bestellung eines Vormunds freiwillig unterworfen habe, kann ebenso wenig die Rede sein.

Vollständig mißlungen ist der Versuch des Gegners, durch Hereinziehen der Grundsätze über Auftrag und Geschäftsführung die Gültigkeit des Vertrags vom 3. August darzuthun. Für die Annahme, daß Klaus durch die vor dem Amtsgerichte abgegebene Erklärung dem Johann Schneider gegenüber die rechtlichen Verpflichtungen habe eingehen wollen, die aus der Erteilung eines Auftrags dem Beauftragten gegenüber entspringen, fehlt es an jeder Voraussetzung. Gerade durch die Erklärung, nichts „unterschreiben" zu wollen, pflegen derlei Leute auszudrücken, daß sie sich nicht verpflichten wollen. Zudem beweist die Äußerung, es sei ihm ganz gleichgültig, was mit seinem Anwesen geschieht, daß er sich bei der Abgabe dieser Erklärung im Zustande frevelhaftesten Leichtsinns befand, vermöge dessen er nicht fähig war, über sein Vermögen eine rechtlich wirksame Verfügung zu treffen, und wie gerechtfertigt es daher war, seine Entmündigung zu beantragen. Daß freilich seine Ehefrau mit der Betreibung der Entmündigung einen ganz anderen Zweck verfolgte als die Wahrung der Interessen ihres Mannes, darauf werde ich noch zu sprechen kommen. Ebenso unhaltbar ist die gegnerische Beurteilung des Vertrags aus dem Gesichtspunkte der Geschäftsführung. Der Vertrag soll für Klaus vorteilhaft gewesen sein! Das Gegenteil ist der Fall; das Anwesen ist viel zu wohlfeil verkauft worden. Es ist und war auch schon am 3. August mindestens 45000 ℳ wert. Schon geraume Zeit vor dem 3. August war allgemein bekannt, daß ein hiesiger Bauunternehmer mit dem Plan umgeht, in dem Teile des Gemeindebezirks von Kirchheim, der an den Bezirk der hiesigen Stadt grenzt, eine sogenannte Villenkolonie anzulegen. Die Ausführung des Plans ist, was ich gleichfalls als gemeinkundig bezeichnen darf, nun gesichert. Da der Buchenhof in diesem Teile des Gemeindebezirks von Kirchheim liegt, kann ein nicht unerheblicher Teil der zu ihm gehörigen Grundstücke um einen ihren Wert als landwirtschaftliche Grundstücke namhaft übersteigenden Preis zu Bauplätzen an den erwähnten Unternehmer verkauft werden. Die von diesem angeknüpften Kaufsunterhandlungen konnten bloß wegen der zur Zeit bestehenden Ungewißheit über die Person des verfügungsberechtigten Eigentümers nicht zum Abschlusse kommen. Es ist nämlich auf Antrag des Klägers am 14. September auf dem für den Buchenhof bestehenden Hypothekenbuchblatte eine Verwahrung gegen das Eigentum des Ulrich Hofmann vorgemerkt worden, aber auch der Kläger ist bis zum Ausgange dieses Rechtsstreites nicht in der Lage, über das Anwesen zu verfügen. Ebenso wie an dem Erfordernisse der Nützlichkeit fehlt es an dem weiteren Erfordernisse einer verbindlichen Geschäftsführung: der Genehmigung durch den Geschäftsherrn. Daß der Abzug des Klaus vom Hofe die Bedeutung der Genehmigung des Verkaufs nicht haben kann, ergibt sich schon daraus, daß der Abzug „auf Verlangen des Käufers", also nicht freiwillig erfolgt ist. Die Empfangnahme der Zahlung von 500 ℳ aber ist deshalb rechtlich ohne Belang, weil an eine Person gezahlt worden ist, die unfähig war, Vormund zu sein, und deshalb keinerlei vormundschaftliche Handlungen vornehmen konnte, ferner auch deshalb, weil Wolfgang Bichler die empfangenen 500 ℳ, statt sie nach gesetzlicher Vorschrift bei der Vormundschaftsbehörde zu hinterlegen, dem Klaus selbst ausgehändigt hat, der sie in kürzester Zeit vergeudet hatte, durch sie also nicht bereichert ist.

Der inzwischen erfolgte Weiterverkauf des Anwesens schützt den Beklagten nicht gegen die Klage, schon deshalb nicht, weil — wegen des Bestehens der bereits erwähnten Vormerkung im Hypothekenbuche — die Umschreibung des Anwesens auf die Frau des Klaus noch nicht geschehen ist, aber auch noch aus einem anderen tiefer liegenden Grunde nicht. Sowohl die Herbeiführung der Entmündigung als namentlich auch die eilfertige Betreibung der vorläufigen Bestellung eines Vormunds war ein von der Frau des Klaus ersonnener — von diesem selbst und leider auch von der

Vormundschaftsbehörde nicht durchschauter — Winkelzug, um das Anwesen sich in die Hände zu spielen. Daß auch Johann Schneider um die Sache wußte, ist wohl zu vermuten, ich kann es aber nicht behaupten. Dagegen war Ulrich Hofmann ihr wissentlich dazu behilflich. Sie mochte wohl befürchten, daß der unmittelbare Verkauf des Anwesens an sie Verdacht erregen und von der Vormundschaftsbehörde nicht genehmigt werden würde. Sie setzte sich daher mit dem ihr schon seit längerer Zeit bekannten Hofmann in Verbindung und bestimmte diesen, das Anwesen zu kaufen. Dies gelang ihr dadurch, daß sie ihm zusicherte, das Anwesen ihm um 1000 ℳ teurer abzukaufen, als er selbst es erwerben würde; nur dürfe er es nicht teurer kaufen als um höchstens 35000 ℳ. Durch den zwischen Schneider und Hofmann abgeschlossenen Vertrag wurde diese Bedingung erfüllt, und am 20. September verkaufte sodann Hofmann das Anwesen an die Frau um 36000 ℳ. Aus diesen Thatsachen ergibt sich zweierlei: erstens, daß Hofmann das Anwesen, weil er es nur zum Scheine gekauft hatte, von Anfang an in dem Bewußtsein besaß, daß es nicht ihm gehöre, daß er sich also in unredlichem Besitze befand, und zweitens, daß er es auch in unredlicher Absicht weiterverkauft hat. Jede von diesen beiden Thatsachen macht nach bekannten Rechtssätzen den Beklagten dem Eigentümer für die Zurückgabe des Anwesens haftbar ohne Rücksicht darauf, ob er es noch besitzt oder nicht. Die Frage, ob er thatsächlich imstande sein wird, es zurückzugeben, gehört nach meiner Ansicht überhaupt nicht in diesen Rechtsstreit; das wird sich im Vollstreckungsverfahren zeigen. Damit erledigt sich also der aus der Thatsache des Weiterverkaufs abgeleitete Einwand des Beklagten.

Ungerechtfertigt ist endlich auch das Verlangen des Beklagten, daß ihm gegen die Zurückgabe des Anwesens, ja sogar vor der Zurückgabe die von ihm gezahlten 500 ℳ erstattet werden. Diesen Betrag mag er von dem zurückverlangen, dem er ihn bezahlt hat. Die klagende Vormundschaft ist ihm in dieser Beziehung zu nichts verpflichtet aus den Gründen, die ich schon bei Erörternng der Frage angeführt habe, ob der Abschluß des Vertrags vom 3. August als eine von Klaus oder von der Vormundschaft genehmigte Geschäftsführung betrachtet werden könne.

Ich halte es, wie ich schon ausgeführt habe, für rechtlich belanglos, daß der Beklagte den Buchenhof nicht mehr besitzt, erachte mich aber doch für verpflichtet, auch den Fall in das Auge zu fassen, daß das Gericht wider Erwarten anderer Ansicht sein und die Verurteilung des Beklagten zur Zurückgabe des Anwesens aus dem angeführten Grunde für unstatthaft erachten sollte. Dies würde zwar zur Ablehnung des von mir gestellten Klageantrags führen, nicht aber die Abweisung der Klage überhaupt rechtfertigen. Es müßte vielmehr in diesem Falle der Beklagte verurteilt werden, der klagenden Partei den Wert des Buchenhofs und allen ihr durch den Verkauf zugegangenen Schaden zu erstatten, oder, wenn auch diesem Antrage nicht stattgegeben werden könnte, mindestens erkannt werden, daß der Kaufvertrag vom 3. August 1892 rechtsunwirksam und deshalb aufzuheben sei. Diese Feststellung würde für den Kläger die Grundlage dafür bieten, auch den Kaufvertrag vom 20. September anzufechten und die Ehefrau des Bernhard Klaus auf Zurückgabe des Anwesens zu belangen. In dieser Richtung behalte ich dem Kläger alle Rechte vor. Demgemäß ergänze ich den Klageantrag folgendermaßen:

„„Für den Fall der Ablehnung des in der Klage gestellten Antrags beantrage ich, das Gericht wolle den Beklagten verurteilen, der klagenden Partei den Wert des Buchenhofs und allen durch dessen Verkauf ihr zugegangenen Schaden, dessen Berechnung vorbehalten bleibt, zu erstatten, oder doch mindestens erkennen: der am 3. August 1892 zwischen dem Bauer Johann Schneider als Vormund des Bauers Bernhard Klaus von Kirchheim und dem Privatmann Ulrich Hofmann von Bregenz abgeschlossene Kaufvertrag wird als rechtsunwirksam aufgehoben.""

Der Rechtsanwalt Werner übergab schriftliche Fertigung dieses Antrags dem Vorsitzenden und fuhr sodann fort:

„Dieser Antrag ist selbst in dem Falle gerechtfertigt, daß das Gericht, der Anschauung des Beklagten beitretend, annehmen sollte, daß der Vertrag vom 3. August gültig und unanfechtbar sei. Es liegen nämlich alle gesetzlichen Erfordernisse dafür vor, daß der vom Kläger Bevormundete gegen den Vertrag vom 3. August in den vorigen Stand eingesetzt werde. Diese Rechtswohlthat will ich für den soeben angedeuteten äußersten Fall hiemit ausdrücklich beanspruchen."

Zur Schlußäußerung erteilte hierauf der Vorsitzende das Wort dem Rechtsanwalte Hager. Dieser erklärte:

„Die Ausführungen des Gegners haben mich weder hinsichtlich der Frage der Zuständigkeit noch in der Hauptsache von der Unrichtigkeit meiner Darlegung überzeugt. Ich halte diese daher in vollem Umfange aufrecht.

Durch die Bemerkung, Bernhard Klaus sei am 3. August nicht fähig gewesen, eine rechtswirksame Verfügung zu treffen, gerät der Gegner in Widerspruch mit seiner eigenen rechtlichen Beurteilung der Sachlage, denn er legt ja das größte Gewicht darauf, daß Klaus erst am 12. September entmündigt worden ist. Der Entmündigungsbeschluß ist — nebenbei bemerkt — dem Klaus erst am 14. September zugestellt worden. Ob der Vertrag, soviel den Kaufpreis betrifft, für Klaus vorteilhaft oder nicht vorteilhaft war, ist gleichgültig; die Aufwerfung dieser Frage ist ausgeschlossen durch die obervormundschaftliche ausdrückliche Genehmigung des Vertrags und durch dessen spätere thatsächliche Genehmigung. Es ist übrigens nicht einmal richtig, daß der

Vertrag für Klaus unvorteilhaft war. Der Gegner hat ja behauptet, daß Klaus selbst das Anwesen noch wohlfeiler verkauft haben würde. Größere Sorgfalt als der Auftraggeber oder Geschäftsherr selbst in seinen Angelegenheiten anzuwenden pflegt, braucht auch der Beauftragte oder Geschäftsführer nicht anzuwenden. Hinsichtlich der vom Gegner bestrittenen Wirksamkeit der Zahlung von 500 ℳ betone ich, daß der Beklagte nicht wissen konnte und nicht wußte, daß der vom Gerichte zum Vormunde bestellte Bichler nicht im Besitze der bürgerlichen Ehrenrechte ist.

Ich fühle mich nicht dazu berufen, das Verhalten der Ehefrau des Klaus in der ganzen Sache zu verteidigen. Aber darauf muß ich doch aufmerksam machen, daß in allem, was ihr vom Kläger zum Vorwurfe gemacht wird, eine Ungesetzlichkeit nicht zn finden ist. Kluge Benützung der Umstände ist nicht rechtswidrig. Mit aller Entschiedenheit muß ich es daher zurückweisen, wenn die Bemerkungen des Gegners über die Beteiligung des Beklagten an dem Verkaufe des Anwesens etwa den Sinn haben sollen, daß er der Ehefrau des Klaus zur Begehung einer rechtswidrigen Handlung Hilfe geleistet habe. Es ist ferner eine durch die vorgetragenen Thatsachen nichts weniger als gerechtfertigte Behauptung, daß der Beklagte das Anwesen nur zum Scheine gekauft habe. Es sind ganz haltlose Beschuldigungen, daß er sich in unredlichem Besitze befunden, daß er das Anwesen in unredlicher Absicht weiterverkauft habe.

Ich finde es seltsam, daß der Kläger für den dem Entmündigten angeblich zugefügten Schaden den Beklagten haftbar zu machen sucht, statt sich an die Personen zu halten, ohne deren Mitwirkung und Zustimmung der Vertrag vom 3. August überhaupt nicht inmitteliegen könnte: den Vormund, der in den angeblich nachteiligen Vertrag willigte, und den Vormundschaftsbeamten, der ihn — vielleicht ohne die erforderliche sorgfältige Prüfung — genehmigte. Auch bezüglich der vom Beklagten gezahlten 500 ℳ mag der Kläger seinen Vorgänger im Amte des Vormunds verantwortlich machen, wenn er glaubt, daß dieser pflichtwidrig gehandelt hat. Übrigens ist durch den Vertrag dem früheren Eigentümer des Anwesens nach der eigenen Darstellung des Klägers ein Schaden überhaupt nicht zugefügt worden, weil sich ja der Kläger selbst für berechtigt hält, von der Frau des Klaus die Zurückgabe des Anwesens zu verlangen.

Nach der ganzen Haltung, die ich der Klage gegenüber eingenommen habe, ist es kaum nötig zu erklären, daß ich die Abweisung auch der vom Kläger vorsorglich gestellten weiteren Anträge begehre und daß ich für den vom Kläger unternommenen letzten Versuch, dem erhobenen Anspruche durch das Mittel der Wiedereinsetzung in den vorigen Stand — für die es an allen Erfordernissen fehlt — auf die Beine zu helfen, das gleiche beantrage."

Auf Frage des Vorsitzenden erklärten beide Rechtsanwälte, daß sie ihren Vorträgen, insbesondere auch in thatsächlicher Beziehung, nichts mehr beifügen könnten oder wollten.

Der Vorsitzende erklärte hierauf die Verhandlung für geschlossen und beraumte Termin zur Verkündigung der Entscheidung auf den 7. Dezember nachmittags fünf Uhr an.

Das Sitzungsprotokoll wurde den Anwälten zur Durchsicht vorgelegt und von ihnen genehmigt.

I. Probeaufgabe
aus dem Staatsrechte des deutschen Reiches und des Königreichs Bayern.

I.

Nach Artikel 11 Absatz 3 der Verfassung des deutschen Reiches ist, insoweit die Verträge mit fremden Staaten sich auf solche Gegenstände beziehen, welche nach Artikel 4 in den Bereich der Reichsgesetzgebung gehören, zu ihrem Abschlusse die Zustimmung des Bundesrathes und zu ihrer Gültigkeit die Genehmigung des Reichstages erforderlich.

Es entsteht die Frage, ob die Bestimmung des Artikel 11 Absatz 3 auch Platz greift bei der Verlängerung bestehender Verträge der dortselbst bezeichneten Art in den nachstehenden einzelnen Fällen:

1. Der bestehende Vertrag ist für eine bestimmte, durch einen peremtorischen Schlußtermin abgegrenzte Zeitperiode abgeschlossen und soll über diesen Schlußtermin hinaus verlängert werden.
2. Der bestehende Vertrag ist nicht für eine bestimmt abgegrenzte Zeitperiode abgeschlossen, sondern für einen Zeitraum, der als stillschweigend verlängert gilt, wenn keiner der contrahierenden Teile innerhalb der vertragsmäßigen Frist von dem Kündigungsrechte Gebrauch macht.

   Eine Kündigung ist nicht erfolgt, das bestehende Vertragsverhältnis soll fortgesetzt werden.
3. Es bestehen die gleichen Vertragsverhältnisse, wie unter Ziffer 2 angegeben, doch ist seitens des fremden Staates die Kündigung des Vertrages erfolgt und es soll das bestehende Vertragsverhältnis trotz der inmitte liegenden Kündigung fortgesetzt werden.
4. Der bestehende Vertrag ist auf fünf Jahre abgeschlossen und soll, soferne eine Kündigung innerhalb dieses Zeit-

raums nicht erfolgt, auf weitere fünf Jahre in Geltung bleiben.

Eine Kündigung ist nicht erfolgt. Es soll die Fortdauer des Vertrages auf ein weiteres (sechstes) Jahr vereinbart werden.

Die Beantwortung ist entsprechend zu begründen.

II.

Im Jahre 1867 begab sich der in Augsburg beheimatete Schuhmachergeselle N. N. mit einem auf unbestimmte Zeit ausgestellten Arbeitsbuche auf die Wanderschaft in die Schweiz und heiratete im Jahre 1870 in Zürich eine Schweizerin. Im Jahre 1880 starb er daselbst und hinterließ seine Witwe und einen Knaben von 9 Jahren in großer Dürftigkeit.

Noch im nämlichen Jahre stellte der Schweizerische Bundesrath den Antrag, Mutter und Kind nach Bayern zu übernehmen.

Dieser Antrag wurde bayerischerseits abgelehnt, weil die Eheschließung seiner Zeit ohne das vorgeschriebene distriktspolizeiliche Zeugnis erfolgt war.

Nach dem Erlaß der Heimatnovelle vom 17. März 1892 wurde der Antrag unter Bezugnahme auf Art. 7 dieses Gesetzes erneuert.

Besteht jetzt die Verpflichtung, Mutter und Kind als bayerische Staatsangehörige anzuerkennen und in Gemäßheit des Deutsch-Schweizerischen Niederlassungsvertrages vom 31. Mai 1890 (Reichs-Ges.-Blatt Seite 131) nach Bayern zu übernehmen?

Wer hat hierüber zu entscheiden?

II. Probeaufgabe

aus dem Staatsrechte des deutschen Reichs und des Königreichs Bayern.

I.

Nach welchen Vorschriften und von welchen Behörden

ist das Aufgebot zum Zweck der Eheschließung anzuordnen und zu vollziehen,

a. wenn der Bräutigam in Landshut heimatberechtigt ist in Berlin ein Kaufmannsgeschäft mit offenem Laden persönlich betreibt und in Charlottenburg wohnt, wo auch seine Braut, eine Preußin, bei ihren Eltern sich aufhält,

b. wenn der Bräutigam in Speyer heimatberechtigt ist, und die übrigen Verhältnisse wie sub a gelagert sind?

II.

Welche Gründe sprechen für und gegen die Ausdehnung des Expropriationsgesetzes auf Ortsstraßen und Gemeindeverbindungswege?

Probeaufgabe
aus dem katholischen Kirchenrecht.

I.

Die zu dem Friedhof in Felskirchen — Gemeinde Ensing, — der hoch gelegen ist, führenden Steintreppen waren im Frühjahr 1890 so schadhaft, daß bei einer Beisetzung die den Sarg tragenden Männer stürzten und der Sarg zerbrach. Dieser Vorfall erregte in der Gegend Aufsehen und Unwillen, weshalb die Gemeindeverwaltung Ensing sofort diese Treppen gründlich reparieren ließ. Bei dieser Gelegenheit wurden auf Andringen des in Felskirchen wohnenden Benefiziaten — zugleich Hilfsgeistlicher der Pfarrei Ensing — die ebenfalls schadhaften, kaum mehr in den Angeln hängenden Gitterthüren des Friedhofes und das Beinhäuschen, aus welchem infolge seines ruinosen Zustandes Schädel und Knochen herausfielen wieder in Stand gesetzt. Sämtliche Kosten mit 140 ℳ für die Treppen, 125 ℳ für die Gitterthüren und 15 ℳ für das Beinhäuschen bezahlte sofort vorschußweise die Gemeindeverwaltung Ensing, nahm aber sodann die Ausscheidung des Gesamtbetrages von 280 ℳ nach dem Steuerfuße auf die zur Sepultur Felskirchen gehörigen Gemeinden Ensing und Durach sowie die gleichfalls zu dieser Sepultur gehörige Ortschaft Penzing — Gemeinde Hinterthal — vor. Zur Begründung dieser Umlage führte die Gemeindeverwaltung Ensing an, sie habe von jeher die Leitung in allen Angelegenheiten der Sepultur Felskirchen gehabt, alle Reparaturen und Neuanschaffungen am Friedhofe in Felskirchen seien auch von jeher gemeinsam vom Sepultur-Bezirke bestritten worden.

Durach zahlte zwar anfangs, forderte aber gleich darauf die betreffende Quote zurück, weil sie indebite bezahlt habe, indem nicht dem Sepulturbezirke Felskirchen, sondern der Kirchenstiftung der Pfarrei Ensing, deren Filiale Felskirchen sei, die Unterhaltung des Friedhofes obliege. Penzing verweigerte jede Zahlung, weil die politische Gemeinde Ensing zur Unterhaltung des Friedhofes verpflichtet sei.

Die Kirchenverwaltung Ensing und die politische Gemeinde Ensing, von diesen Einwendungen verständigt, lehnten die Zahlung ab, letztere wollte nur die sie als Glied der Sepultur treffende Quote leisten.

Das zur Entscheidung angerufene Bezirksamt N stellte fest, daß die Kirchenstiftung Ensing die Baulast an der Kirche in Felskirchen zu tragen habe, daß der Friedhof daselbst an der Kirche und um dieselbe gleichsam als schützender Hof liege, mit Mauern, Gittern und Treppen eine Pertinenz der Kirche bilde und daß letztere insbesondere zunächst dem Verkehr zur Kirche und nur nebenbei auch zum Leichentransport diente. Der Friedhof in Felskirchen sei übrigens auch der Friedhof der Pfarrei Ensing, da sich an der Pfarrkirche Ensing nur die Gräber der Pfarrer selbst befinden. Das Beinhäuschen sei zwar ebenfalls an die Friedhofmauer in Felskirchen angebaut, könne jedoch ohne Beeinträchtigung derselben auch abgebrochen werden und diene, obwohl es in Kapellenform gebaut und mit einem Kruzifix versehen sei, lediglich zur Aufbewahrung der Gebeine, welche bei Aufgraben der im

Turnus zu benützenden Gräber ausgeworfen werden, sei also Sache der Sepultur. Bezüglich der Gitterthüren müsse noch besonders berücksichtigt werden, daß sie auf Verlangen des Hilfsgeistlichen der Pfarrei Ensing repariert worden seien.

Hienach beschloß das Bezirksamt N am 11. November 1891:

„Es seien vorbehaltlich aller etwa im Civilrechtswege gegen Dritte zu verfolgenden Ansprüche, wobei dann auch das von der Gemeindeverwaltung Ensing behauptete Herkommen zur Erörterung und zum Beweise kommen könne, die für diese nachgewiesenermassen dringlichen Reparaturen erwachsenen Kosten provisorisch für Treppen und Gitter am Felskirchener Friedhofe mit 265 *M* von der Kirchenverwaltung Ensing, für das Beinhäuschen mit 15 *M* von dem Sepulturbezirke Felskirchen zu bezahlen respektive zu ersetzen."

Gegen diesen Beschluß erhoben die Kirchenverwaltung Ensing und die Ortschaft Penzing Beschwerde zur Kreisregierung, welche jedoch mit Entschliessung vom 1. Juni 1892 den bezirksamtlichen Beschluß lediglich bestätigte.

Hierauf erhoben die genannte Kirchenverwaltung und die Ortschaft Penzing Beschwerde zum Ministerium, erstere mit der Bitte, die Umlagefestsetzung der Gemeindeverwaltung Ensing zu bestätigen, letztere mit der Bitte, die politische Gemeinde Ensing zur Bestreitung der fraglichen Kosten anzuhalten.

Wie wird das Ministerium zu entscheiden haben?

II.

Die als Köchin bei dem israelitischen Kaufmann Pflaum im Markte Leiferitz bedienstete Katholikin Rosa Huber gebar im Jahre 1882 einen Knaben und gab damals an, sie sei nicht in der Lage zu sagen, wer der Vater des Kindes sei. Dieses wurde auf den Namen Adolf getauft, besuchte später die katholische Schule in Leiferitz und empfing im Mai 1892 die erste Kommunion. Im Juli dieses Jahres starb Kaufmann

Pflaum, wenige Wochen später schloß sein Sohn und Nachfolger Felix Pflaum vor dem Standesamte in Leiferitz mit Rosa Huber die Ehe und erklärte auch am Hochzeitstage in einer notariellen Urkunde, daß er der Vater des Knaben Adolf sei. Bei Beginn des Schuljahres erschienen beide Eltern vor dem katholischen Pfarrer in Leiferitz und verlangten, daß derselbe ihren Sohn Adolf aus der katholischen Kirche und Schule entlasse, da derselbe nun die israelitische Schule in Leiferitz besuchen und als Israelit erzogen werden solle. Dies verweigerte jedoch der katholische Pfarrer entschieden mit dem Bemerken, daß Adolf definitiv der katholischen Kirche angehöre, wie denn auch die Mutter, obwohl infolge ihrer unkirchlichen Ehe den Kirchenstrafen verfallen, nicht aus der katholischen Kirche ausgetreten sei, Adolf habe in der katholischen Kirche und Schule zu verbleiben.

Gegen diesen Bescheid wollen sich Felix und Rosa Pflaum beschweren. An welche Behörde haben sie sich zu wenden und wie wird diese entscheiden müssen?

Bei den beiden Aufgaben ist die Entscheidung unter Anführung der einschlägigen Gesetze und Verordnungen gründlich zu motivieren.

Probeaufgabe
aus dem protestantischen Kirchenrechte.

I.

In Z, woselbst sich je eine Filiale der katholischen und protestantischen Pfarrei Y befindet, ist ein den Katholiken und Protestanten dortselbst gemeinschaftlich gehöriges, ungeteiltes Kirchenvermögen vorhanden, welches aus dem Kirchengebäude und dem Friedhof, sowie aus unbedeutendem Grundbesitz und einigen Aktivkapitalien besteht.

Dieses Vermögen wird von einer Simultankirchenverwaltung verwaltet, welche dermalen aus dem protestantischen Pfarrer von Y als Vorstand, dem derzeitigen katholischen

Pfarrverweser von Y, dann aus zwei Protestanten und einem Katholiken aus Z zusammengesetzt ist.

Die Rechnung der Simultankirchenstiftung schließt seit mehreren Jahren mit einem Defizit ab.

Zur Beschlußfassung über die Deckung dieses Defizits wurde eine Versammlung der sämtlichen stimmberechtigten katholischen und protestantischen Konfessionsgenossen von Z einberufen. In dieser Versammlung, zu welcher sich die sämtlichen 63 Stimmberechtigten — 34 Protestanten und 29 Katholiken — eingefunden hatten, wurde von allen Stimmen der Protestanten gegen alle Stimmen der Katholiken beschlossen, das Defizit durch Umlagen in der Weise zu decken, daß jede der beiden Konfessionen die Hälfte des Umlagenbetrags aufzubringen habe.

Das K. Bezirksamt hat, „diesem in der Kirchengemeindeversammlung der Simultankirchengemeinde Z von der Majorität gefaßten Beschlusse" die kuratelamtliche Genehmigung erteilt.

Hiegegen wurde von den beiden katholischen Mitgliedern der Silmultankirchenverwaltung Z Beschwerde zur K. Regierung, Kammer des Innern, erhoben mit der Bitte, auszusprechen, es sei zur Deckung des Defizits eine gemeinschaftliche Umlage nach dem Steuerfuße zu erheben.

Diese Beschwerde wurde von der K. Regierung, Kammer des Innern, als unzulässig zurückgewiesen in der Erwägung, daß der von den Angehörigen der beiden Konfessionen gemeinsam gefaßte Beschluß nach den für die Beschlußfassung von Kirchengemeinden geltenden Rechtsnormen beurteilt werden müsse, daß sonach dieser Beschluß der kuratelamtlichen Genehmigung bedurft habe und gegen eine solche kuratelamtliche Entscheidung von der Simultankirchenverwaltung nur in ihrer Gesamtheit oder Majorität, nicht, wie geschehen, von einer einzelnen Abteilung derselben Beschwerde erhoben werden könne.

Gegen diesen Oberkuratelbescheid der K. Regierung, Kammer des Innern, hat Rechtsanwalt A auf Grund einer Vollmacht, welche von dem derzeitigen katholischen Pfarrverweser von Y und 23 bei der mehrerwähnten Beschlußfassung beteiligt gewesenen katholischen Konfessionsgenossen von Z unterzeichnet ist, Beschwerde zum K. Staatsministerium des Innern für Kirchen- und Schul-Angelegenheiten erhoben mit der Bitte, es wolle unter Aufhebung der Beschlüsse der Vorinstanzen angeordnet werden, daß die in der Simultankirchengemeinde Z zur Erhebung gelangenden Umlagen nach dem Umlagengesetze vom 22. Juli 1819 auf sämtliche Kirchengemeindeglieder nach der Staatssteuer zu bemessen und zu verteilen seien.

Aufgabe: Es ist die motivierte Entschließung des K. Staatsministeriums zu entwerfen.

II.

Der Turm an der protestantischen Kirche zu N mußte wegen Baufälligkeit abgetragen werden. Die Kosten für den neuen Turmbau trug wegen Insuffizienz der primär baupflichtigen Kirchenstiftung, in deren Eigentum die Kirche nebst Turm steht, das sekundär baupflichtige Staatsärar. Bei der Uebergabe des Bauobjektes an die Kirchenverwaltung erklärte das einschlägige Landbauamt die Anbringung eines Blitzableiters als dringend notwendig und stellte an das K. Bezirksamt das Ersuchen um Einleitung der erforderlichen Schritte. Letzteres forderte die Kirchenverwaltung zur Beschlußfassung über die Aufbringung der auf 120 ℳ veranschlagten Kosten auf. Die Kirchenverwaltung erklärte sich zur Deckung der letzten als insuffizient, da sowohl der Grundetat der Kirchenstiftung, als die letzten 10 Jahresrechnungen derselben mit einem Defizit abschließen. Das K. Bezirksamt faßte hierauf kuratelamtlichen Insuffizienzbeschuß und ordnete die Einberufung einer Kirchengemeindeversammlung zur Beschlußfassung über die Aufbringung der erforderlichen Kosten an. Die Kirchengemeindeversammlung, bei welcher mehr als $^2/_3$ der stimmberechtigten Kirchengemeindeglieder erschienen waren, lehnte jedoch einstimmig jede Verpflichtung zur Deckung der fraglichen Kosten mit der Begründung ab, daß, wenn überhaupt eine Verpflichtung zur Herstellung eines Blitzableiters am Kirchturm bestehe, die Kosten hiefür jedenfalls nicht die Kirchengemeinde, vielmehr bei anerkannter Insuffizienz der Kirchenstiftung das sekundär baupflichtige K. Staatsärar zu tragen habe. Die Kirchengemeinde könne sich aber auch nicht entschließen, die Baupflicht des letzteren in Anspruch zu nehmen, da auch an dem abgebrochenen Kirchturme ein Blitzableiter nie angebracht gewesen sei, das K. Staatsärar daher mit Recht das Ansinnen auf Übernahme der Kosten ablehnen werde, wie dies auch die Kirchengemeinde thun würde, wenn für sie überhaupt eine Baupflicht bestünde.

Aufgabe: Es ist der motivierte Beschluß des K. Bezirksamts zu entwerfen.

Probeaufgabe
aus der Polizeiwissenschaft.

I.

Welche polizeiliche Zwangsmittel sind in Bayern gegen Bettler und Landstreicher zulässig?

Worin bestehen die Vorzüge der einzelnen Zwangsmittel, und unter welchen Voraussetzungen empfiehlt sich deren Anwendung?

II.

Unter welchen Voraussetzungen ist die Festnahme von Hausierern durch die Polizeiorgane oder die Abnahme ihrer auf den Wandergewerbebetrieb bezüglichen Papiere zulässig und veranlaßt?

Probeaufgabe
aus dem Polizeirecht.

Der in der Landgemeinde A, Bezirksamts München II, sich aufhaltende, jedoch dort nicht heimatberechtigte Peter Holzner ist seit dem Monate Februar l. Js. wegen verschiedener Forst- und Feldfrevel schon fünfmal zu Geldstrafen verurteilt worden und hat die letzteren bis auf eine einzige, welche wegen Uneinbringlichkeit in Haft umgewandelt werden mußte, erlegt. Auch die Haft hat er bereits erstanden. Da die Frevel in der Gemeinde A und in der angrenzenden Gemeinde B verübt worden waren, so erachtete der Gemeindeausschuß A die öffentliche Sicherheit in diesen beiden Gemeinden durch die Anwesenheit des Peter Holzner für gefährdet und stellte beim Bezirksamte München II unter Bezugnahme auf Art. 45 Ziff. 5 und Art. 49 Abs. II des Gesetzes über Heimat, Verehelichung und Aufenthalt vom $\frac{\text{16. April 1868}}{\text{23. Febr. 1872}}$ Antrag auf Ausweisung des Genannten aus den Gemeinden A und B.

Das Bezirksamt gab nach Einvernahme des Peter Holzner dem gestellten Antrage statt und verfügte mit Beschluß vom 12. Oktober l Js. die Ausweisung des rc. Holzner aus den Gemeinden A und B auf die Dauer von zwei Jahren vom Tage der Erstehung der aus der Geldstrafe herrührenden Haftstrafe.

In dem Beschlusse ist bei Würdigung der Frage über die gesetzliche Zulässigkeit der Ausweisung ausgeführt, daß Holzner allerdings nur zu Geldstrafen, nicht zu Freiheitsstrafen verurteilt worden sei, daß jedoch bei denjenigen in Art. 45 Ziff. 5 des obenbezeichneten Gesetzes aufgeführten Personen, „welche innerhalb Jahresfrist wiederholt wegen Entwendung von Feldfrüchten oder wegen Feld- oder Forstfrevels oder unberechtigten Jagens“ verurteilt worden sind, die gesetzliche Voraussetzung für die Zulässigkeit der Ausweisung auch im Falle der Verurteilung zu Geldstrafen als erfüllt erachtet werden müsse, weil ein Teil der vorerwähnten Gesetzesübertretungen mit Freiheitsstrafen gesetzlich überhaupt nicht bedroht sei.

Gegen diesen Beschluß ergriff Holzner rechtzeitig Berufung zur k. Regierung, Kammer des Innern, von Oberbayern, worin er erklärte, er wolle sich zwar bei der Ausweisung aus der Gemeinde A beruhigen, müsse aber um

Aufhebung des Beschlusses bitten, soweit letzterer ihn auch aus der Gemeinde B ausweise.

Die Regierung von Oberbayern, Kammer des Innern, erließ nach vorschriftsmäßiger Sachinstruktion und nach mündlicher öffentlicher Verhandlung, bei welcher Holzner anwesend war und nunmehr die gänzliche Aufhebung des bezirksamtlichen Beschlusses (auch hinsichtlich der Ausweisung aus der Gemeinde A) beantragte, unterm 15. November l. Js. verwaltungsrechtlichen Senatsbescheid, durch welchen der angefochtene bezirksamtliche Beschluß gänzlich aufgehoben wurde. Im Bescheide ist ausgeführt, daß im vorliegenden Falle die gesetzliche Voraussetzung für die Zulässigkeit der Ausweisung fehle; denn nach Absicht, Wortlaut und Entstehungsgeschichte des oben angeführten Art. 45 Ziff. 5 erscheine auf Verurteilungen wegen Feld- oder Forstfrevels hin eine Ausweisung nur dann statthaft, wenn im Urteile auf Freiheitsstrafe erkannt sei; eine Geldstrafe aber, welche nachträglich wegen Uneinbringlichkeit in Haftstrafe umgewandelt werde, sei inbezug auf ihre rechtlichen Folgen nicht als Freiheitsstrafe anzusehen.

Aufgabe ist eine eingehende allseitige Würdigung des Falles und sodann die Entscheidung darüber,

1. ob die dem Regierungsbescheide zugrunde liegende Rechtsauffassung richtig ist,
2. ob dem Gemeindeausschusse A ein Beschwerderecht gegen den Regierungsbescheid zusteht, und wenn ja, bei welcher Stelle oder bei welchen Stellen und innerhalb welcher Frist die Beschwerde auzubringen wäre.

I. Probeaufgabe
aus der Volkswirtschaft.

I.

Welche volkswirtschaftliche Bedeutung haben die in Bayern bestehenden öffentlichen Sparkassen?

Genügen diese Anstalten und ihre Organisation den dermaligen Bedürfnissen?

Welche Gründe sprechen gegen, welche für die Errichtung von Postsparkassen neben den in Bayern bestehenden öffentlichen Sparkassen und welche Gründe sind die überwiegenden?

II.

Empfiehlt sich die Einrichtung von besonderen Handwerkerkammern?

Welche Aufgaben wären gegebenen Falles den Handwerkerkammern zuzuweisen und wie wären die letzteren zu organisieren?

II. Probeaufgabe
aus der Volkswirtschaft.

I.

Welche Bedeutung hat die Arbeiterwohnungsfrage in wirtschaftlicher und sozialpolitischer Beziehung?

Welche Maßnahmen empfehlen sich, um diese Frage einer gedeihlichen Lösung zuzuführen?

II.

Ist es wünschenswert, daß in Bayern die ländlichen Gemeinden im Besitze von Gemeindeländereien bleiben?

Welche Grundsätze kommen in Bayern im Hinblick auf die geltenden Bestimmungen bezüglich der Erhaltung und Bewirtschaftung von Gemeindeländereien zur Anwendung?

I. Probeaufgabe
aus der Staatsfinanzwirtschaft.

1. Welche indirekte Abgaben werden in Deutschland für den zum Verbrauche gelangenden Tabak erhoben? Welche andere Formen der Tabaksbesteuerung sind ab-

gesehen von dem Tabaksmonopole möglich und welche Vorzüge oder Mängel haben dieselben?

2. Was versteht man unter Kontingentierung des inländischen Tabakbaues? Was soll mit solcher bezweckt werden und welche Gesichtspunkte sind bei Würdigung der Frage, ob eine Kontingentierung des Tabakbaues einzuführen sei, ins Auge zu fassen?

II. Probeaufgabe
aus der Staatsfinanzwirtschaft.

Was versteht man unter allgemeiner Vermögenssteuer? Welche Vorzüge oder Mängel hat dieselbe und welche Gründe sprechen für oder gegen ihre Einführung in Bayern?

Praktischer Fall
aus dem Gebiete der inneren Verwaltung.

Der verheiratete Gütler und unständige landwirtschaftliche Taglöhner Joseph Gerg, wohnhaft in der Landgemeinde Hart, beheimatet in der Landgemeinde Irl, beide Bezirksamts A, trat am 2. Mai 1892 in den Dienst des Oekonomen Lex in Hart, wobei als täglicher Lohn freie Kost und 1 ℳ bar vereinbart wurde.

In dem benachbarten, zur Landgemeinde Berg gehörigen Orte Reit ließ ein Schwager des Lex an Stelle des kürzlich abgebrannten Stall- und Oekonomiegebäudes einen den gleichen Zwecken dienenden Neubau durch den Maurerpalier Zinn aufführen, welcher seit dem Frühjahre 1891 wiederholt bei sich darbietender Gelegenheit Bauten zur selbständigen Herstellung übernommen hatte. Auch bei diesem Neubau wurden die erforderlichen Arbeiter von Zinn aufgenommen und entlohnt.

Am 5. Mai wurde Lex von Zinn ersucht, den Taglöhner Gerg für 8—12 Tage zur Beschleunigung der Bauarbeiten bei seinem Neubau abzulassen, da derselbe schon öfter bei Bauführungen beschäftigt gewesen sei.

Noch am gleichen Tage fand sich Gerg am Baue ein, erhielt von Zinn die Herstellung von Mörtel als Arbeit zugewiesen und einen Taglohn von 1 *M* 50 *ₔ* zugesichert, in welcher Höhe der ortsübliche Taglohn für sämtliche Gemeinden des Bezirksamts A von der Kreisregierung festgesetzt war.

Am 6. Mai, während die beim Bau beschäftigten Arbeiter, ohne die Baustelle zu verlassen, Frühstückspause machten, rief ein am Gerüste im I. Stock befindlicher Maurer dem unten sitzenden Gerg zu, er möge ihm sein Taschenmesser leihen, um ein Stück Fleisch zu schneiden. Gerg begab sich, um das verlangte Messer abzugeben, auf das Gerüst, trat jedoch — im I. Stockwerk angekommen — fehl und stürzte in die Tiefe, wobei er mit der linken Brustseite auf einen umgelegten Mörtelkasten fiel. Eine oberflächliche Untersuchung des einige Zeit bewußtlos liegenden Gerg durch seine Mitarbeiter ließ äußerlich keine Verletzungen, sondern nur Hautschürfungen wahrnehmen. Als Gerg wieder zum Bewußtsein kam, versuchte er sich zu erheben, erklärte jedoch wegen heftiger Schmerzen an der linken Brustseite dies nicht zu können und ließ sich hierauf in die Dienstbotenstube des Lexschen Anwesens nach Hart zurückbringen, wo er, ohne einen Arzt zuzuziehen, bis zum 9. Mai früh im Bette verblieb.

Am letztgenannten Tage glaubte Gerg, der die Arbeit am Baue nicht wieder aufnehmen wollte, seine Thätigkeit bei dem Oekonomen Lex fortsetzen zu können und übernahm es, eine im Hofe des Lexschen Anwesens bereitstehende, aus dem Pfarrwalde stammende Fuhr Holz, deren Verbringung Oekonom Lex auf Ersuchen des Pfarrers zu dem Käufer des Holzes in Haid, K. Bezirksamts A, zugesagt hatte, dorthin zu bringen.

Gerg verspürte beim Gehen sofort wieder Schmerzen an der linken Brustseite, weshalb er sich auf den Wagen setzte. Beim Einfahren in die Ortschaft Haid kam dem Fuhrwerk eine Herde Schafe entgegen, Gerg fürchtete, daß die Pferde scheuen, und ließ sich vom Wagen hinab, glitt aber an einem auf der Straße liegenden Stein mit dem linken Fuß ab und fiel so unglücklich zu Boden, daß er sofort nicht nur an der linken Brustseite, sondern auch oberhalb des Knies am linken Fuße heftigen Schmerz verspürte. Gerg wurde durch hinzukommende Leute auf sein Verlangen zu seinem Bruder, der in Haid ein kleines Anwesen besitzt, sonst aber in ärmlichen Verhältnissen lebt, verbracht.

Der zugezogene Landarzt von Haid konstatierte einen linksseitigen Rippenbruch mit starker Eitergeschwulst, sowie eine Sehnenzerreißung oberhalb des linken Knies und erklärte, daß Gerg vorerst nicht transportfähig sei.

Der Bruder des Gerg machte hievon noch am 9. Mai dem Bürgermeister in Haid Anzeige mit dem Bemerken, daß er vorbehaltlich des Kostenersatzes seinen Bruder bis zum Eintritt der Transportfähigkeit in Pflege behalten wolle. Diese Anzeige leitete der Bürgermeister von Haid sofort an die Gemeinde Hart weiter.

Am 19. Mai erklärte der Landarzt von Haid den Gerg für transportfähig und veranlaßte dessen Verbringung in das Distriktskrankenhaus in M, woselbst Gerg noch am 19. Mai abends anlangte. Die am 20. Mai vorgenommene ärztliche Untersuchung ließ eine länger andauernde Krankheit vermuten, wovon die Krankenhausverwaltung neben der Aufnahmeanzeige noch am 20. Mai mittelst eingeschriebenen Briefes sowohl der Gemeindekrankenversicherung in Hart, nachdem in dieser Gemeinde die Krankenversicherung durch Statut auf die landwirtschaftlichen Arbeiter einschließlich der unständigen Arbeiter erstreckt war, vorsorglich auch der Heimatgemeinde Irl Mitteilung machte.

Die Verwaltung der Gemeindekrankenversicherung Hart leitete am 22. Mai „wegen des am 6. Mai beim Neubau in Reit erfolgten Unfalles“ die Mitteilung der Krankenhausverwaltung in M an die Gemeindekrankenversicherung Berg unter dem Anfügen, daß letzterer die Krankenfürsorge für Gerg obliege.

Auf diese Mitteilung wurde die Vornahme einer Unfalluntersuchung veranlaßt, durch welche das im Vorstehenden entwickelte Sachverhältnis aktenmäßig festgestellt wurde. Ein zu den Akten abgegebenes Gutachten des Krankenhausarztes in M lautete im wesentlichen dahin, daß der linksseitige Rippenbruch des Gerg zweifellos bei dem am 6. Mai erfolgten Absturze vom Gerüste eingetreten, daß die Sehnenzerreißung oberhalb des rechten Knies ausschließlich von dem Falle am 9. Mai herrühre, daß dieser neuerliche Fall vielleicht eine kleine Verlängerung des Heilungsprozesses auch hinsichtlich des Rippenbruches mit sich bringe, ein bestimmter Nachweis hiefür aber unmöglich sei.

Dieses Ergebnis wurde sowohl der zuständigen land- und forstwirtschaftlichen Berufsgenossenschaft, wie der bayerischen Baugewerksberufsgenossenschaft zur Kenntnis gebracht.

Am 21. Juli wurde Gerg auf sein Ansuchen aus dem Krankenhause entlassen, wobei ärztlicherseits bestätigt wurde, daß die Sehnenzerreißung oberhalb des linken Knies vollständig geheilt und ohne nachteilige Folgen, dagegen der Rippenbruch noch nicht vollständig geheilt, sowie Gerg nicht imstande sei, wieder in Dienst zu treten.

Gerg versuchte zu Hause im eigenen landwirtschaftlichen Betriebe kleinere Arbeiten zu verrichten, mußte jedoch schon am 28. Juli infolge Verschlimmerung seines Zustandes wieder in das Distriktskrankenhaus in M eintreten. Die Verwaltung machte hierüber vorsorglich der Armenpflege in Irl rechtzeitig Anzeige.

Am 8. August erhob Gerg Anspruch auf Schadensersatz an die Bayer. Baugewerksberufsgenossenschaft und vorsorglich auch an die zuständige landwirtschaftliche Berufsgenossenschaft. Ebenso machte die Krankenhausverwaltung den beiden Berufsgenossenschaften Mitteilung darüber, daß Gerg im Krankenhaus untergebracht sei und voraussichtlich noch mehrere Wochen in demselben verbleiben müsse; zugleich wurde die Anfrage gestellt, ob die Berufsgenossenschaft ihre Verpflichtung zum Ersatze der Kosten des Heilverfahrens nach Maßgabe der einschlägigen Vorschriften des Unfallversicherungsgesetzes anerkenne.

Beide Berufsgenossenschaften lehnten beschlußmäßig jeglichen Schadensersatz ab und ließen unterm 2. September berufungsfähigen Bescheid dem Gerg, sowie Abschrift desselben in Erwiderung der gestellten Anfrage der Krankenhausverwaltung M zustellen.

Die Bayerische Baugewerksberufsgenossenschaft begründete ihre ablehnende Haltung damit, daß der Maurerpalier Zinn in ihrem Kataster nicht eingetragen, also auch nicht Mitglied der Berufsgenossenschaft sei, daß derselbe seit 1. Januar 1891 keine einzige selbständige Bauführung bei ihr angezeigt habe, daß übrigens der Unfall am 6. Mai nicht als Betriebsunfall zu erachten sei, da Gerg freiwillig und nicht während der Arbeit, sondern in einer Ruhepause auf das Gerüst gestiegen sei, diese Thätigkeit sohin nicht im Zusammenhange mit der Bauarbeit gestanden habe; hieran könne auch der Umstand nichts ändern, daß die beim Bau beschäftigten Arbeiter während der Brotzeit im Banne des Betriebes verblieben seien; endlich stehe trotz des bestimmt lautenden ärztlichen Zeugnisses gar nicht fest, daß der Rippenbruch des Gerg eine Folge des Falles vom Baugerüst sei; derselbe könne ebensogut bei dem Falle am 9. Mai entstanden sein.

Die landwirtschaftliche Berufsgenossenschaft führte in ihrem ablehnenden Bescheide aus, daß der Unfall am 9. Mai nicht im landwirtschaftlichen Betriebe erfolgt sei, da Oekonom Lex nicht Holz aus seinem eigenen Walde, sondern aus Gefälligkeit für den Pfarrer, diesem gehöriges Holz, nach Haid habe verbringen lassen; im übrigen durch das ärztliche Gutachten außer Zweifel gestellt sei, daß der Rippenbruch des Gerg beim Absturze vom Baugerüste eingetreten, die Sehnenzerreißung oberhalb des linken Knies aber schon vor Ablauf von dreizehn Wochen vollständig geheilt sei und einen Nachteil für die Erwerbsfähigkeit des Gerg nicht hinterlassen habe.

Am 9. September wurde Gerg aus dem Krankenhause mit der ärztlichen Bestätigung entlassen, daß nunmehr das

Heilverfahren hinsichtlich des Rippenbruchs als abgeschlossen jedoch bis auf weiteres Gerg als erwerbsbeschränkt zu erachten sei, indem die Arbeitsfähigkeit um die Hälfte gemindert erscheine.

Noch am gleichen Tage erhob Gerg beim k. Bezirksamt A gegen die Gemeindekrankenversicherung Berg, eventuell gegen die sonst pflichtige Gemeinde Anspruch auf nachträgliche Gewährung des Krankengeldes für die ersten 13 Wochen nach dem Unfalle vom 6. Mai einschließlich der nach Maßgabe der Vorschriften des Unfallversicherungsgesetzes zu gewährenden Erhöhung. Hiebei nahm Gerg darauf Bezug, daß sein Kleingütleranwesen notorisch vollständig verschuldet sei und daß für den Unterhalt seiner aus Ehefrau und 4 schulpflichtigen Kindern bestehenden Familie bisher sein Arbeitsverdienst verwendet worden sei.

Gleichzeitig stellte die Krankenhausverwaltung M an das K. Bezirksamt A den Antrag, beschlußmäßig auszusprechen, welche Gemeindekrankenversicherung oder Gemeinde- oder Armenpflege die Kosten der Kur und Verpflegung im Krankenhause nach dem staatsaufsichtlich genehmigten Tarife mit täglich 2 Mk. und für welche Zeiträume zu ersetzen habe, ferner auszusprechen, welche der beiden angegangenen Berufsgenossenschaften die Kosten des Heilverfahrens vom Beginne der 14. Woche nach Eintritt des Unfalles (6. Mai) zu tragen habe.

Am 10. September kam noch eine Eingabe des Bruders des Gerg in den Einlauf des Bezirksamts A, worin gebeten wurde, auszusprechen, daß die Dienstgemeinde Hart, eventuell die sonst verpflichtete Gemeinde ihm für die Verpflegung seines Bruders in der Zeit vom 9. Mai bis 19. Mai täglich 1 Mk., im ganzen 11 Mk., sowie die von ihm bereits beglichene, amtlich revidierte Deservitenforderung des Landarztes von Haid mit 37 Mk. zu vergüten habe.

Durch die vom k. Bezirksamte A innerhalb 14 Tagen gepflogenen Erhebungen wurde festgestellt:

1. Die gemeindlichen Armenpflegen Hart, Berg und Irl lehnten jede Zahlungs- bezw. Ersatzpflicht ab, da Gerg der Krankenversicherung unterliege, möge er nun als Bauarbeiter oder als landwirtschaftlicher Arbeiter erklärt werden.

2. Die Gemeindekrankenversicherung Hart lehnte ebenfalls jede Zahlungs- und Ersatzpflicht ab, da die Krankheit des Gerg Folge des am 6. Mai beim Neubau in Reit eingetretenen Unfalles sei, wofür die Gemeindekrankenversicherung Berg aufzukommen habe.

3. Die Gemeindekrankenversicherung Berg gab folgende Erklärung ab: Primär müsse sie jede Zahlungs- und Ersatzpflicht bestreiten, da sie von den beiden Unfällen vom 6. und 9. Mai erst am 23. Mai durch die Mitteilung der Gemeinde Hart Kenntnis erhalten und bis dahin auch gar nicht gewußt habe, daß und wo Gerg wegen Krankheit untergebracht sei und verpflegt werde. Auch sei ihr über die Wiederaufnahme des Gerg in das Krankenhaus M am 28. Juli keinerlei Anzeige zugekommen. Ferner habe Maurerpalier Zinn den Gerg überhaupt nicht zur Krankenversicherung angemeldet.

Eventuell müsse sie hiemit znnächst wegen der unterlassenen Anmeldung gegen den Palier Zinn Anspruch auf vollen Ersatz erheben. Anlangend das Krankengeld, so könne Gerg ein solches für die Zeit vom 21.—28. Juli nicht beanspruchen, da er in dieser Zeit zu Hause, wenn auch nur mit geringfügigen Arbeiten verbracht habe.

Endlich müsse für die Zeit bis zum 21. Juli die Hälfte der Gesamtkosten von der Gemeindekrankenversicherung Hart getragen werden, da Gerg bis dahin auch an der Verletzung oberhalb des linken Knies infolge des Falles am 9. Mai im Krankenhaus behandelt worden sei.

4. Die Krankenhausverwaltung M gab auf Anfrage an, daß sie die Wiederaufnahme des Gerg am 28. Juli der Gemeindekrankenversicherung Berg deshalb nicht angezeigt habe, weil ja nach der Krankenversicherungsnovelle vom 10. April 1892 eine solche Anzeige nicht erforderlich sei.

5. Der Maurerpalier Zinn erklärte, daß er einer Ersatzpflicht nach jeder Richtung widerspreche. Was insbesondere die unterlassene Anmeldung betreffe, so würde er den Gerg bei der Krankenversicherung Berg noch rechtzeitig angezeigt haben, wenn nicht derselbe infolge des ihm zugestoßenen Unfalles schon am zweiten Tage seiner Beschäftigung sich nach Hart hätte zurückbringen lassen. Nachdem derselbe vor Ablauf der dreitägigen Anmeldefrist aus der Beschäftigung wieder ausgeschieden sei, habe für ihn eine Anzeigepflicht überhaupt nicht bestanden.

   Hinsichtlich des Krankengeldes müsse er aufmerksam machen, daß die hiewegen angezogenen Vorschriften des Unfallversicherungsgesetzes nicht in betracht kämen, da die beiden etwa beteiligten Berufsgenossenschaften das Vorliegen eines Betriebsunfalls nicht anerkennen.

6. Gerg, wegen des Anspruchs auf Krankengeld nochmals befragt, gab zu, daß für die in die kritische Zeit fallenden 13 Sonntage und 5 Feiertage das Krankengeld in Wegfall zu kommen habe.

Aufgabe ist:

1. ein Rechtsgutachten auszuarbeiten, in welchem die sämtlichen im Vorstehenden berührten Punkte und die sämtlichen Vorbringen der Beteiligten inbezug auf Unfallversicherung, Krankenversicherung und Armenpflege zu würdigen und zu erörtern sind, wobei ferner auch zu

besprechen ist, auf welchem Wege der Unfallentschädigungsanspruch des Gerg definitiv auszutragen ist;

2. die vom k. Bezirksamte A über die an dasselbe gerichteten Anträge zu treffende Entscheidung — ohne Begründung — beizufügen.

Spezielle Aufgaben

für die

Rechtspraktikanten

in der

Pfalz.

1892.

I. Aufgabe
aus dem Zivilrechte.

Der Rentier Simon Wolf, in Ludwigshafen a./Rh. wohnhaft, besaß ein in der Stadt Kaiserslautern gelegenes, an die Parkstraße unmittelbar angrenzendes Gelände, welches er in drei gleiche Teile, jeder Teil vorn an die Straße anstoßend, vermessen ließ. Im Jahre 1887 verkaufte Wolf den links gelegenen Teil (Los I) an den Sattler Karl Schwarz in Kaiserslautern, den rechts gelegenen (Los III) an den dortigen Wirt Jakob Zwick. Den mittleren Teil (Los II) behielt er in Eigentum zurück in der Erwartung, diesen später an den Besitzer eines hinter dem Gelände gelegenen Fabrikanwesens als Zugang zu letzterem von der Parkstraße aus vorteilhafter verwerten zu können. Das Los II ließ er, wie früher das ganze Gelände, öde liegen.

Noch in demselben Jahre führte jeder der beiden Käufer Schwarz und Zwick auf seinem Kaufobjekte ein Wohnhaus auf mit einem hinten anstoßenden kleinen Hofe. Da das Niveau der Parkstraße 1,90 Meter höher lag, als ihre Bauplätze, so mußten sie zur Ermöglichung der Ableitung des Abwassers aus ihren Höfen nach der Parkstraße zu die für die Höfe bestimmte Fläche ihrer Bauplätze durch Erdaufschüttung erhöhen, so zwar, daß nun diese Höfe 2,10 Meter höher lagen als das dazwischen liegende Grundstück Los II. Ohne sich vorher mit Wolf als Eigentümer des Loses II zu verständigen, ließ jeder von ihnen sein Wohnhaus so erbauen, daß er mit der gegen Los II zugewendeten Giebelmauer nicht auf seiner Eigentumsgrenze zurückblieb, sondern dieselbe bei einer Fundamentstärke von 75 Centimetern mit ihrer halben

Dicke auf das Nachbareigentum des Wolf zu stehen kam. In gleicher Weise ließen sie auch ihre gegen das Los II zugewendeten Hofmauern bei einer Fundamentstärke von 50 Centimeter zur halben Mauerdicke auf das Eigentum des Wolf stellen, wobei sie zur Stütze des aufgeschütteten Hofterrains gegen die tiefer liegende Bodenfläche des Los II ihren Hofmauern von letzterer aus gerechnet eine Höhe von 2 60 Metern gaben, so daß diese Mauern das Niveau ihrer Höfe um 50 Centimeter überragten.

Wolf, der erst im Jahre 1890 gelegentlich eines Besuchs in Kaiserslautern hievon Kenntnis erhielt, strengte nach vorausgegangener erfolgloser Aufforderung bei dem zuständigen Gerichte gegen Schwarz und Zwick eine Klage an mit dem Antrage, die beiden Beklagten zu verurteilen, ihre Giebel- und Hofmauern auf ihre Eigentumsgrenze zurückzusetzen unter der Behauptung, daß er rechtlich nicht verpflichtet sei, diesen willkürlichen Eingriff in sein Eigentum zu dulden. Beide Beklagten setzten diesem Begehren den Einwand entgegen, daß nach einem in Kaiserslautern schon längst bestehenden Herkommen jeder Bauherr berechtigt sei, bei Aufführung eines Hauses mit der an das Nachbareigentum angrenzenden Giebel- und Hofmauer in das letztere bis zur Hälfte der Mauerstärke ohne weiteres vorzurücken mit der Maßgabe, daß wenn der Nachbar in der Folge sein Eigentum gleichfalls zu einem Hausbau benützen und sein Haus ohne eigenen Abschluß an die anstoßende Giebelmauer des Nachbarhauses mitbenützungsweise anlehnen wolle, er gehalten sei, dem Hausnachbarn die Hälfte der Kosten der Erbauung der Giebelmauer bis zur Höhe ihrer Mitbenützung zu ersetzen. Sie fügten als weiteren Einwand bei, daß sie als Nachbarn auch nach Art. 663 Cod. civ. berechtigt gewesen seien, den Abschluß ihres Eigentums von dem klägerischen Eigentume mittelst einer, zur halben Mauerstärke auf letzterem zu errichtenden Scheidemauer in der durch diese Gesetzesstelle vorgesehenen Höhe zu verlangen (clôture forcée), wozu Kläger die Hälfte der Erbauungskosten beizutragen habe. Ein jeder von ihnen habe von diesem Rechte durch Vorrückung mit ihren Giebel- und Hofmauern Gebrauch gemacht, und es sei daher Kläger verpflichtet, ihnen schon jetzt die Hälfte der von ihnen bestrittenen Kosten der Erbauung ihrer Giebelmauern, soweit diese bis zu der in Art. 663 C. c. vorgesehenen Höhe einer Scheidemauer (acht Fuß) verursacht seien, im Betrage von je 100 ℳ, sowie die Hälfte der Kosten der Hofmauer mit je 30 ℳ zu ersetzen, welche beide Beträge wie beiderseits anerkannt wurde, zugleich den Werten der Hälfte der betreffenden Mauerteile gleichkommen. Zu diesem Zwecke erhoben sie Widerklage.

Kläger Wolf bestritt zunächst die gegnerischen Einwände zur Hauptklage als vollständig unbegründet. Er wolle zwar nicht in Abrede stellen, daß in Kaiserslautern ein lokales Herkommen in dem angeführten Sinne bestehe, das ihm aber, da er sich noch niemals dort aufgehalten, erst jetzt bekannt geworden sei, übrigens auch jeder rechtsverbindlichen Unterlage entbehre. Die Voraussetzung des Art. 663 C. c. treffe hier weder in thatsächlicher noch in rechtlicher Hinsicht zu; es handle sich auf seiner Seite um eine öde, isolierte Fläche, welche als Bauplatz zu verwenden oder zu verwerten, vorerst gar nicht in seiner Absicht liege; Giebel- und Hofmauern der Beklagten seien lediglich in deren Interesse errichtet worden, dienten nicht zur clôture. Hieraus folge zugleich, daß auch die Widerklage unbegründet sei. Selbst wenn aber auch Art. 663 C. c. gegnerischerseits hier angerufen werden könnte, so entfalle gleichwohl seine Erstattungspflicht, da die Beklagten unter allen Umständen eigenmächtig und lediglich in ihrem einseitigen Interesse gehandelt hätten, und was insbesondere noch die Giebelmauern betreffe, so sei, wie nur eventuell bemerkt werde, unter keinem Gesichtspunkte abzusehen, warum er zu einer durch deren Hausmauereigenschaft benötigten Fundamentstärke von 75 Centimetern beitragen sollte. Er bestehe auf dem Zuspruche seiner Hauptklage, womit die Widerklage von selbst hinfällig werde.

Wie ist zur Haupt- und Widerklage zu entscheiden?

Die Entscheidung ist gehörig zu begründen unter Anführung der maßgebenden Gesetzesstellen und unter Würdigung aller dabei in betracht kommenden rechtlichen Gesichtspunkte.

II. Aufgabe.

aus dem Zivilrecht.

Im Jahre 1854 verheiratete sich zu Friedelsheim der daselbst wohnhafte Ackerer Peter Leichtweiß mit der ledigen Barbara Unverzagt von da, welcher Ehe zwei Kinder entsprossen, nämlich Friedrich Leichtweiß, geboren im Jahre 1855 und Jakob Leichtweiß, geboren im Jahre 1857.

Durch Urkunde, errichtet vor dem kgl. Notar Stark in Dürkheim an der Haardt am 15. März 1866, übertrug Ehefrau Leichtweiß mittels „Schenkung unter Lebenden" ihrem genannten, dieses annehmenden Ehemann das zu ihrem Sondergut gehörige, im Orte Friedelsheim gelegene Wohnhaus, samt Scheuer, Hofraum und Garten in dem darin angegebenen Schätzungswerte von 1600 Gulden oder 2742 ℳ 86 ₰ zu unwiderruflichem Eigentum unter der Bedingung, daß, wenn im Falle ihres Vorabsterbens ihr Ehemann eine zweite Ehe eingehen sollte, die ihm gemachte Schenkung mit der Wiederverehelichung von Rechtswegen widerrufen sein und die Schenkobjekte an ihre Kinder und Erben als Eigentum zurückfallen sollten.

Am 18. Mai 1868 starb Ehefrau Leichtweiß und hinterließ als Erben ihre beiden genannten minderjährigen Kinder.

Zufolge Urkunde des mit der Teilung ihres Nachlasses beauftragten K. Notars Stark vom 16. Dezember 1868, inhaltlich welcher den beiden Kindern Leichtweiß ein Erbteil von je 5000 Gulden oder 8571 ℳ 43 ₰ zufiel, wurde auf Grund der erwähnten Schenkung dem Vater Leichtweiß das fragliche Wohnhaus mit Zubehör zum Eigentum zugewiesen.

Im Jahre 1881 gerieten die inzwischen volljährig gewordenen beiden Söhne Leichtweiß in Vermögensverfall.

Im Jahre 1882 starb sodann Jakob Leichtweiß und mehrere Monate nachher im nämlichen Jahre auch dessen Bruder Friedrich Leichtweiß, und zwar beide im ledigen Stande.

Am 19. Mai 1883 schritt der Witwer Peter Leichtweiß zur zweiten Ehe mit der in Fußgönnheim wohnhaften Magdalena Leyser und nahm auch hier später seinen Wohnsitz, nachdem er vorher noch das von seiner verlebten ersten Ehefrau gemäß obiger Schenkung erhaltene Wohnhaus nebst Dependentien laut Urkunde, errichtet vor dem K. Notar Köhler in Dürkheim am 17. Juni 1883, an den in Friedelsheim wohnhaften Handelsmann Dreyfuß verkauft hatte. In dem Akte, bei dessen Errichtung der Katasterauszug des Verkäufers vorlag, ist der Kaufpreis mit 3500 ℳ von dem Verkäufer als bereits baar empfangen quittiert.

Am 1. Juli 1884 ließ nun aber der in Speyer wohnhafte Geschäftsmann Ludwig Mertes, welcher auf Grund eines Schuldscheines unter Privatunterschrift vom 15. Juni 1880 an die genannt verlebten beiden Söhne des Peter Leichtweiß als Solidarschuldner noch eine Restforderung im Betrage von über 4000 ℳ zu besprechen hatte, den Käufer Isaak Dreyfus durch Gerichtsvollzieherakt eine Aufforderung zustellen, inhaltlich welcher er in Ausübung der Rechte seiner beiden Schuldner die Herausgabe des von Vater Leichtweiß erkauften Hauses, und zwar schulden- und lastenfrei, sowie die Rückgewähr der bisher aus demselben bezogenen Mietzinsen im Betrage von 110 ℳ in den Nachlaß der Brüder Leichtweiß begehrte.

Da Dreyfus sich weigerte, dieser Aufforderung zu entsprechen, so erhob Mertes Klage zu dem zuständigen K. Landgerichte Frankenthal auf Verurteilung desselben im Sinne des vorstehenden Begehrens, indem er in der gehörig formulierten Klageschrift hauptsächlich geltend machte, der Vater Leichtweiß sei infolge des Eintritts der in dem Schenkungsakte vom 15. März 1866 enthaltenen Bedingung, von welcher die verlebte Ehefrau desselben den Fortbestand der ihm zugewendeten Schenkung abhängig gemacht habe, zur Zeit des Verkaufes des Schenkobjektes nicht mehr Eigentümer desselben gewesen, vielmehr habe letzteres schon damals einen Bestandteil des Nachlasses der beiden Söhne Leichtweiß gebildet. Der Beklagte sei daher, da er das fragliche Wohnhaus von einem non dominus gekauft habe, zur Herausgabe desselben, sowie weiter auch zur Restitution der daraus bezogenen Mietzins-Erträgnisse in dem erwähnten Nachlaß verpflichtet.

Daß ihm als Gläubiger dieses Nachlasses gesetzlich das Recht zustehe, die dazu gehörigen Vermögensobjekte zu seiner Befriedigung in Anspruch zu nehmen, könne ernstlich nicht in Zweifel gezogen werden.

Der Beklagte ließ auf die Klage entgegnen.

Ein Widerruf der Schenkung seitens der schenkenden Ehefrau Leichtweiß habe während deren Lebenszeit nicht stattgefunden.

Die Bedingung der Nichtwiederverheiratung, an welche Ehefrau Leichtweiß die zu Gunsten ihres Ehemannes getroffene freigebige Verfügung geknüpft habe, sei gesetzlich unerlaubt und deshalb als nicht beigefügt zu erachten.

Abgesehen hievon, so bezwecke die vorwürfige Klage die Auflösung der dem Ehemanne Leichtweiß gemachten Schenkung wegen Nichterfüllung der von der Schenkgeberin gesetzten Bedingung. Die beiden Söhne und einzigen Erben der Schenkgeberin seien aber zur Zeit der Wiederverheiratung ihres Vaters — des Schenknehmers — das heißt bei Eintritt der den Widerruf der Schenkung bedingenden Thatsache, nicht mehr am Leben gewesen.

Ein Klagerecht auf Auflösung hätten dieselben also nicht erworben und könne folglich von der Ausübung eines solchen Rechtes durch den Gläubiger in dem vorwürfigen Falle nimmermehr die Rede sein, um so weniger als dasselbe sich als ein höchst persönliches Recht der Söhne Leichtweiß darstelle und deshalb ihre Gläubiger zur Ausübung desselben gesetzlich überhaupt nicht befugt seien. Wären sie aber auch hiezu befugt, so könnte doch der Gläubiger Mertes als ein mit bloßem Schuldschein unter Privatunterschrift versehener Chirographargläubiger dieses Recht nicht ohne vorher erwirkte gerichtliche Ermächtigung ausüben.

Das gestellte Begehren sei aber jedenfalls insoweit gesetzlich nicht begründet, als sich dasselbe auch auf den Ersatz der durch den Käufer Dreyfus aus dem Wohnhause bezogene Nutzungen erstrecke.

Wie ist der Rechtsstreit zu entscheiden?

Die Entscheidung ist gehörig zu begründen unter Anführung der maßgebenden Gesetzesstellen und unter Würdigung aller infolge der Klagebestreitung in betracht kommenden rechtlichen Gesichtspunkte.

Praktischer Fall
aus dem Justizfache.

Aus nachstehenden Prozeßakten und nach den darin enthaltenen Ausführungen und Bemerkungen ist ein landgerichtliches Urteil in der Form einer Ausfertigung mit allen vom Gesetze vorgeschriebenen inneren und äußeren Erfordernissen, sowie mit einer dem Gesetze entsprechenden Entscheidung abzufassen.

Zur Zivilkammer
des K. Landgerichts
Frankenthal.

Klageschrift
für

Karl Fuchs, Winzer, in Leistadt wohnhaft, Kläger, für welchen Rechtsanwalt Loewe in Frankenthal als Prozeßbevollmächtigter aufgestellt ist,

gegen

Heinrich Wolf, Rentner, in Dürkheim wohnhaft, Beklagten; Widerspruchsklage gegen ein Subhastationsverfahren betreffend.

Streitwert 9225 ℳ.

Auf Grund eines für vollstreckbar erklärten Urteils des Kgl. Landgerichts Frankenthal vom 4. März 1891 hat der Beklagte gegen den Ackerer und Winzer Friedrich Schaaf in Freinsheim, welcher ihm aus diesem Urteile noch einen Restbetrag von 9000 ℳ mit Zinsen hieraus zu 5% vom Tage des Urteils schuldet, das Subhastationsverfahren eingeleitet und bei dem Vollstreckungsgerichte, K. Amtsgerichte Dürkheim, unterm 2. September 1892 einen Beschlagnahmebeschluß betreffs der darin bezeichneten, dem Schuldner angeblich gehörenden Liegenschaften — ein zu Freinsheim gelegenes Wohnhaus mit allen Zubehörungen und angrenzenden, mit diesem durch eine Mauer eingeschlossenen Gelände, als Garten, Kirschbaumstück und Wingart — zum Zwecke der Zwangsversteigerung derselben erwirkt, der am folgenden Tage in die Hypothekenregister zu Frankenthal eingetragen wurde. Auch hat der durch diesen Beschluß als Versteigerungsbeamter ernannte K. Notar Fink in Freinsheim bereits die Versteigerung der beschlagnahmten Liegenschaften auf den 10. Dezember nächsthin festgesetzt und die Versteigerungsbekanntmachung veröffentlicht.

Nun steht aber nicht dem Subhastaten Schaaf, sondern dem Kläger das Eigentumsrecht an diesen Immobilien zu, denn diese gehörten zum Nachlasse der im April 1879 an ihrem Wohnorte Freinsheim ledigen Standes verstorbenen Luise Schaaf, welche nach längst erreichter Volljährigkeit mit Testament, aufgenommen vor K. Notar Storch in Dürkheim am 10. Februar 1870, ihren Bruder Georg Schaaf in der Weise zu ihrem Universalerben einsetzte, daß sie ihm „von ihrem Nachlaßvermögen alles dasjenige zu vollem Eigentume vermachte, was sie ihrem natürlichen, von ihr anerkannten Sohne Friedrich Schaaf gesetzlich nicht zukommen lassen könnte, bezw. dieser aus irgend einem Grunde nicht erhalten könnte.“ Weitere Deszendenten, als den Letzteren, und Aszendenten hinterließ dieselbe nicht, sondern als Nächstverwandte nur noch ihren vorgenannten Bruder Georg Schaaf und ihren Neffen, den heutigen Kläger, dieser einziger Repräsentant seiner an ihrem Wohnorte Leistadt vorverstorbenen Mutter Agnes Schaaf, im Leben Ehefrau des dortigen Ackerers Reinhard Fuchs. Georg Schaaf starb dann auch ledig und kinderlos an seinem Wohnorte Freinsheim am 8. Dezember 1885 mit Zurücklassung eines eigenhändigen Testamentes vom 5. Oktober 1885, welches zufolge Verfügung des Herrn Landgerichtspräsidenten in Frankenthal vom 19. Dezember darauf am 21. desselben Monats in dem Archive des K. Notars Fink in Freinsheim hinterlegt wurde, und worin er seinem Neffen, dem heutigen Kläger, sein ganzes Vermögen zum unbeschränkten Eigentum vermachte.

Es hatte zwar die Luise Schaaf ihrem natürlichen Sohne Friedrich Schaaf in dessen Ehevertrage, errichtet vor K. Notar Schwalb in Freinsheim am 9. Mai 1876, durch Schenkung unter Lebenden unentgeltlich die sämmtlichen jetzt beschlagnahmten Liegenschaften uuter Befreiung vom Rückbringen in Natur zu Eigentum übertragen, und hatte auch Friedrich Schaaf diese Zuwendung sofort im Akte angenommen. Allein beim Vorhandensein von gesetzlichen Erben konnte die Luise Schaaf, wenn überhaupt eine derartige freigebige Verfügung, wie hier geschehen, zu Gunsten ihres natürlichen Kindes, doch jedenfalls keine solche über das in Art. 757 des B. G. B. erlaubte äußerste Maß hinaus mit Rechtswirksamkeit treffen. Daß der Wert dieser Zuwendung aber mehr als die Hälfte des von der Luise Schaaf hinterlassenen Vermögens ausmacht, welche allein deren Sohne Friedrich Schaaf nach dieser Gesetzesstelle zufließen konnte, wird Beklagter wohl nicht bestreiten können. Denn der Gesamtwert der Schenkobjekte betrug zur Zeit der Schenkung, wie beim Ableben der Schenkgeberin und heute noch, mindestens 16000 ℳ und derjenige des kleinen Mobiliarnachlasses der Luise Schaaf etwa 400 ℳ; es hatte also, da dieselbe kein sonstiges Vermögen, jedoch eine Darlehensschuld von 800 ℳ hinterließ, ihr ganzer Nachlaß einen Wert von mindestens 15600 ℳ, und hätte daraus Friedrich Schaaf nur einen gesetzlichen Anspruch auf einen Wertbetrag von

7800 ℳ gehabt, während ihm danach ein Wertbetrag von mindestens 8200 ℳ über Gebühr geschenkt wurde. Es ist somit jene ganze Zuwendung der Luise Schaaf an ihren natürlichen Sohn d. i. der diese Verfügung enthaltende Teil des Ehevertrags des Letzteren, angesichts des absoluten Verbotes des Art. 908 B. G. B. und zufolge der ausdrücklichen Bestimmung in Art. 911 daselbst null und nichtig.

Im übrigen ist Friedrich Schaaf des gesetzlichen Anteilsrechts am Nachlasse seiner Mutter nach Art. 757 durch das dem Georg Schaaf ausgesetzte Universallegat verlustig gegangen. Ein Noterbrecht kommt aber demselben, da er nicht gesetzlicher Erbe seiner Mutter ist, nicht zu. Sohin war das ganze Nachlaßvermögen der Luise Schaaf, inbegrifflich der jetzt beschlagnahmten Liegenschaften, kraft deren Testaments vom 10. Februar 1870 auf Georg Schaaf übergegangen und ist sodann zufolge dessen Testaments vom 5. Oktober 1885 als Bestandteil des Nachlasses desselben dem heutigen Kläger zugefallen.

Wollte man aber auch annehmen, was jedoch nicht der Fall, daß dem Friedrich Schaaf ein Noterbrecht und damit ein Anspruch auf einen gewissen Teil der Verlassenschaftsmasse seiner Mutter zuzugestehen wäre, oder daß derselbe sogar Anspruch auf die Hälfte dieser Erbmasse, sei es kraft Gesetzes (Art. 757) oder sei es auf Grund der Schenkung vom 9. Mai 1876 hätte, so wäre Kläger doch immerhin Miteigentümer der beschlagnahmten Immobilien. Denn, da auch für den letzteren Fall das Uebermaß der Schenkung von obigen 8200 ℳ mehr als die Hälfte des Wertes der geschenkten Liegenschaften beträgt, so wäre der Beschenkte, ungeachtet der anderweitigen Schenkungsbestimmung, wornach er vom Rückbringen derselben in Natur befreit sein sollte, diese, ein zusammenhängendes und untrennbares Ganze bildenden Liegenschaften in Natur und frei von allen etwa darauf gelegten Lasten in diese Masse zurückzubringen gehalten. Friedrich Schaaf hatte denn auch seinerseits ein Miteigentumsrecht des Rechtsvorgängers des Klägers an diesem Anwesen von vornherein anerkannt. Georg Schaaf hatte nämlich mittels Zustellung vom 11. Juni 1879 den Friedrich Schaaf durch den Gerichtsvollzieher Reh in Dürkheim unter Hinweis auf die Ungültigkeit der Schenkung vom 9. Mai 1876 auffordern lassen, die den Vermögensnachlaß seiner verlebten Mutter Luise Schaaf bildenden Gegenstände an ihn, als Testamentserben der letzteren, herauszugeben und namentlich die in jener Schenkung begriffenen Liegenschaften sofort zu überlassen, widrigenfalls er zur Klage genötigt wäre. Friedrich Schaaf entsprach zwar nicht ganz dieser Aufforderung, übergab aber dem Georg Schaaf ein von ihm unterzeichnetes Schriftstück vom 24. Juni 1879, worin er, „das Recht des Georg Schaaf auf Reduktion der Schenkung in seinem Ehevertrage vom 9. Mai 1876 nach gesetzlicher Maßgabe anerkennt." Georg Schaaf that nun zwar zunächst keine weitere Schritte gegen Friedrich Schaaf, ließ jedoch, ohne seine vollen Rechtsansprüche aufzugeben, zur Sicherstellung des Datums jenes Anerkennungsscheines diesen am nämlichen Tage einregistrieren. Kläger selbst besteht, was er dem Friedrich Schaaf auch bald nach dem Ableben des Georg Schaaf schrieb, als Erbe des letzteren, auf seinem vollen Rechte und wird sein Eigentum, wenn es ihm noch länger vorenthalten wird, gegen Friedrich Schaaf vindizieren. Jedenfalls wäre aber auch bei bestehendem Miteigentume, da eine Teilung des Nachlasses der Luise Schaaf, wozu in diesem Falle die beschlagnahmten Liegenschaften gehören würden, zwischen den Beteiligten d. i. zwischen Friedrich Schaaf und dem Kläger bisher nicht stattgefunden hat, die Zwangsvollstreckung in diese Immobilien gesetzlich unstatthaft. Ob übrigens dem Kläger das Alleineigentum oder bloß ein Miteigentumsrecht an diesen Liegenschaften zusteht, ist eine Frage, welche allein zwischen ihm und dem Friedrich Schaaf auszutragen bleibt und die vorwürfige Klage nicht weiter berührt.

Da nun aber trotzdem der Beklagte das eingeleitete Subhastationsverfahren nicht aufgeben will, so sieht sich der Kläger nach Anleitung des § 690 der C.-P.-O., dessen Erforderniſſe hier ſämtlich gegeben ſind, zur gegenwärtigen Widerſpruchsklage genötigt, und wird deshalb der Beklagte zur mündlichen Verhandlung über dieſelbe zu dem unten von dem Herrn Landgerichtspräſidenten beſtimmten Termin vor die Zivilkammer des Kgl. Landgerichts in Frankenthal mit der Aufforderung vorgeladen, einen bei dieſem Gerichte zugelaſſenen Rechtsanwalt zu beſtellen.

Kläger wird folgenden Antrag nehmen:

Gefalle es der Zivilkammer des Kgl. Landgerichts Frankenthal, die vom Beklagten gegen den Ackerer und Winzer Friedrich Schaaf von Freinsheim eingeleitete Zwangsvollſtreckung in die im Beſchluſſe des Vollſtreckungsgerichts, Kgl. Amtsgerichts Dürkheim, vom 2. September 1892 beſchriebenen und hiedurch beſchlagnahmten Liegenſchaften für unzuläſſig zu erklären, demgemäß dieſelbe einzuſtellen und insbeſondere dieſen Beſchlagnahmebeſchluß und deſſen Einſchreibung in die Hypothekenregiſter von Frankenthal vom folgenden Tage, ſowie den von dem Kgl. Notar Fink in Freinsheim am 12. desſelben Monats auf den 10. Dezember laufenden Jahres feſtgeſetzten Verſteigerungstermin aufzuheben, auch den Beklagten in die Koſten zu verfällen.

Frankenthal, den 16. September 1892.

Loewe, Rechtsanwalt.

Zur mündlichen Verhandlung über vorſtehende Klage wird die öffentliche Sitzung der Zivilkammer des Kgl. Landgerichts dahier vom 7. Dezember 1892, vormittags 9 Uhr beſtimmt.

Frankenthal, den 17. September 1892.

Der Vorſitzende der Zivilkammer des Kgl. Landgerichts:

Strauß, K. Landgerichtspräſident.

Bemerkung: Die Klageſchrift wurde dem Beklagten durch den Gerichtsvollzieher Haas in Frankenthal am 19. September 1892 bezw. durch die Poſt am folgenden Tage in gehöriger Weiſe zugeſtellt.

Klagebeantwortung

für

Heinrich Wolf, Rentner, in Dürkheim wohnhaft, Beklagten, durch Rechtsanwalt Baehr in Frankenthal als Prozeßbevollmächtigten vertreten,

gegen

Karl Fuchs, Winzer, in Leistadt wohnhaft, durch Rechtsanwalt Loewe vertreten.

Kläger ist weder Alleineigentümer, noch bloß Miteigentümer der vom Beklagten gegen Friedrich Schaaf beschlagnahmten Liegenschaften, und ist daher die Klage grundlos erhoben.

Es mag zwar das beschlagnahmte, dem Subhastaten von seiner Mutter schenkweise übertragene Anwesen einen Wert von 16000 ℳ haben und solchen auch zur Zeit der Schenkung, wie des Todes der Schenkgeberin gehabt haben. Auch will zur Vermeidung von Weiterungen nicht bestritten werden, daß dieses Anwesen von jeher ein zusammenhängendes Ganze bildete und insbesondere, wenigstens ohne namhafte Wertminderung, auch das Kirschbaum- und Wingartsstück von dem übrigen Teile des Anwesens nicht wohl abgesondert werden könnte, daß auch der Gesamtnachlaß der Luise Schaaf nur den in der Klage angegebenen Nettowert repräsentierte und Friedrich Schaaf daher von seiner Mutter durch die unentgeltliche Zuwendung in seinem Ehevertrage mehr als die Hälfte ihres Vermögens bezogen hat. Allein, wenn nun Kläger meint, es sei diese ganze freigebige Zuwendung null und nichtig, so irrt er sehr. Ein natürliches Kind ist nämlich keineswegs an sich unfähig, mit einer freigebigen Verfügung von Seiten seiner Eltern bedacht zu werden, es steht ihm sogar eventuell ein Noterbrecht zu; es soll beim Zusammentreffen mit gewissen erbberechtigten Verwandten seiner Eltern nur nicht mehr erhalten, als Art. 757 gestattet. Ist ihm mehr zugewendet, so haben die letzteren das Recht auf Reduktion bis auf das gesetzliche Maß herab, welches Recht sie nach ihrem Belieben ausüben oder unausgeübt lassen können. Es handelt sich also bei einer Ueberschreitung der Vorschrift in Art. 908 mit 757 B. G. B. nicht um eine absolute, sondern höchstens um eine relative Nichtigkeit der betreffenden Verfügung, die bloß von demjenigen geltend gemacht werden kann, in dessen Rechte hiedurch eingegriffen wurde. Dies trifft aber nur bei den zunächst zur Erbschaft berufenen gesetzlichen Erben, wenn nicht sogar allein bei den Vorbehaltserben, nicht aber auch beim Legatare zu, der sein Recht nur vom Erblasser ableitet, dessen Verfügungen er daher auch gegen sich gelten lassen muß und der sein Vermächtnis eben nur in den ihm zugewiesenen Grenzen in Anspruch nehmen kann (Art. 921. B.G.B.). Kläger stützt aber seinen Anspruch auf zwei Testamente und ist daher ihm gegenüber die Schenkung vom 9. Mai 1876 unanfechtbar. Beklagter hat deshalb auch kein Interesse, die Gültigkeit der beiden Testamente bezw. die Echtheit des eigenhändigen Testaments des Georg Schaaf vom 5. Oktober 1885 in Frage zu stellen und wird sie nicht bestreiten.

Übrigens wäre Kläger in so lange zur vorwürfigen Klage nicht befugt, als er nicht, wenn dies überhaupt noch zulässig erscheinen würde, dem Friedrich Schaaf, als dem durch die Schenkung Bedachten, gegenüber den Ausspruch der behaupteten Ungültigkeit oder die gänzliche oder teilweise Annullierung dieser Schenkung durch gerichtliches Urteil herbeigeführt hätte.

In jedem Falle könnte aber auch die Abminderung der Schenkung um das Übermaß einem natürlichen Kinde gegenüber, das ja kein Erbe ist, nicht in Natur verlangt werden, selbst wenn eine Absonderung einzelner der Schenkobjekte von den übrigen möglich wäre, was hier ja Kläger selbst verneint, sondern könnte sich nur in einer Geldherausgabe vollziehen. Zudem wurde hier dem Friedrich Schaaf das Rückbringen des ganzen Anwesens in Natur im Schenkungsakte ausdrücklich erlassen. Es bliebe hier also Friedrich Schaaf unter allen Umständen Alleineigentümer der fraglichen, jetzt beschlagnahmten Immobilien.

Dazu kommt aber noch, daß — wie Friedrich Schaaf dem Beklagten früher, als er diesen zum ersten Male um ein größeres Darlehen anging und daraufhin auch von ihm erhielt, selbst erklärte — Georg Schaaf das von seiner Schwester Luise Schaaf testamentarisch vermachte Vermögen und damit auch seinen allenfallsigen Anteil an den heute beschlagnahmten Liegenschaften mittels Privatakts vom 20. September 1879, den Friedrich Schaaf dem Beklagten damals auch vorzeigte, an Friedrich Schaaf käuflich abgetreten, und dieser ihm auch laut Bescheinigung im Akte damals den Kaufpreis bezahlt hat. Damit jedenfalls wurde Friedrich Schaaf Alleineigentümer der fraglichen Liegenschaften, wenn er es nicht schon vorher war. Er befand sich denn auch bisher im ungestörten Besitze und Genusse derselben. Der etwaige vormalige Anteil des Georg Schaaf an diesen Liegenschaften konnte daher auf dessen Vermächtnisnehmer, Kläger Fuchs, nicht übergehen.

Aus diesen Gründen

gefalle es der Zivilkammer des K. Landgerichts, die Klage als unbegründet abzuweisen und den Kläger mit den Kosten zu belasten.

Frankenthal, den 3. Oktober 1892.

Baehr, Rechtsanwalt.

Abschrift erhalten
Frankenthal, den 4. Oktober 1892.
Loewe, Rechtsanwalt.

Erwiderungsantrag

für

Karl Fuchs, Winzer in Leistadt, Kläger, durch Rechtsanwalt Loewe vertreten

gegen

Heinrich Wolf, Rentner in Dürkheim, Beklagten, durch Rechtsanwalt Baehr vertreten.

Auf die Klagebeantwortung des Beklagten entgegnet Kläger folgendes:

Die Berufung des Beklagten auf den in Händen des Friedrich Schaaf befindlichen angeblichen Kaufakt vom 20. September 1879 ist eine vergebliche. Denn dieses Schriftstück, das, wie Kläger durch Einsichtnahme sich überzeugte, allerdings von der Hand des Georg Schaaf herrührt und, wie auch nicht bestritten werden will, von diesem dem Friedrich Schaaf am nämlichen Tage behändigt wurde, enthält — Kläger nahm Abschrift davon — außer dem Datum und der Unterschrift des Georg Schaaf nichts, als den einzigen Satz: „Der unterzeichnete Georg Schaaf tritt hiermit das aus dem Nachlasse seiner Schwester Luise Schaaf ererbte und insbesondere durch deren Testament vor Notar Storch in Dürkheim vom 10. Februar 1870 ihm vermachte Vermögen an den Sohn derselben, Friedrich Schaaf, verkaufsweise in Eigentum ab und bekennt zugleich, den Kaufpreis von diesem empfangen zu haben.“ Das Schriftstück leidet also, als Kaufakt aufgefaßt, außer anderen, nicht zu relevierenden Mängeln an mehreren wesentlichen Mängeln: es fehlt nämlich die Angabe des Kaufpreises und die Unterschrift des Friedrich Schaaf. Die Art. 1583 und 1591 B.G.B. erheischen aber als wesentliches Erfordernis zu einem perfekten und gültigen Kaufvertrage die Festsetzung und Bezeichnung eines bestimmten Kaufpreises. Und ob auch im übrigen die notwendige Willensübereinstimmung der beiden angeblichen Vertragsparteien hier vorhanden war, ist mangels der Unterschrift, sowie jeglicher Gegenerklärung des angeblichen Käufers im Akte nicht zu ersehen. Es geht diesem Schriftstücke daher die Rechtsgültigkeit ab.

Ein Verkauf des dem Georg Schaaf durch das Testament vom 10. Februar 1870 vermachten Vermögens an Friedrich Schaaf hat aber auch in Wirklichkeit gar nicht stattgefunden, und hat letzterer auch hiefür nichts bezahlt; er wäre als fast unbemittelter Mann hiezu auch gar nicht imstande gewesen. Das Schriftstück vom 20. September 1879 verbirgt vielmehr eine Schenkung und trägt schon seiner äußeren Form und seinem dürftigen Inhalte nach das Merkmal der Gesetzesumgehung an der Stirne. Zweifelsohne suchte Georg Schaaf durch die Ausstellung und Übergabe des Schriftstücks an Friedrich Schaaf diesem mittelbar dem gesetzlichen-Verbote zuwider das ganze Vermögen seiner, des letzteren, Mutter in die Hände zu spielen. Schon deshalb ist das in dem Schriftstücke versteckte Rechtsgeschäft ohnehin absolut nichtig, und hat Kläger daher nicht nötig, den Mangel der unbedingt gebotenen ausdrücklichen Acceptation der Schenkung durch den Beschenkten vorzuschützen oder noch in die weitere Prüfung der Frage einzutreten, ob eine Schenkung überhaupt in die, wenn auch an sich gültige Form eines anderen Vertrags, insbesondere eines Kaufvertrags, rechtswirksam eingekleidet werden kann.

Im übrigen hält Kläger an seinen Ausführungen in der Klageschrift und insbesondere daran fest, daß die Schenkung der fraglichen Liegenschaften an den Friedrich Schaaf von Seiten seiner natürlichen Mutter ihrem ganzen Umfange nach absolut nichtig und wirkungslos ist. Es kann sich daher jedermann und zu jeder Zeit darauf berufen, selbstredend auch der Testamentserbe. Einer Nichtigkeitserklärung durch Urteil und insbesondere in einem eigenen Prozesse dem Schenknehmer gegenüber bedarf es nicht. Verzichtet auf das Recht, die Ungültigkeitserklärung herbeizuführen, hat weder Georg Schaaf noch der Kläger. Insbesondere wird man denn doch nicht ernstlich behaupten wollen, daß in dem schon genügend gekennzeichneten Schriftstücke vom 20. September 1879, das keineswegs vollzogen wurde und ja auch rechtlich gar nicht zum Vollzuge gelangen konnte, oder auch in der Nichtausübung seiner testamentarischen Rechte seitens des Georg Schaaf, die wohl nur verwandtschaftsähnlichen Rücksichten entsprang, ein Verzicht auf dieses Recht erblickt werden müsse. Übrigens wäre ein solcher Verzicht gesetzlich unzulässig und wirkungslos, da etwas, was rechtlich nicht existiert, nachträglich nicht bestätigt oder durch Verzicht eines Interessenten nicht zur rechtlichen Existenz gelangen kann.

Aber auch einmal unterstellt, die Schenkung vom 9. Mai 1876 wäre nur relativ nichtig, so könnte doch an der Berechtigung des Klägers zur Anfechtung derselben, wie dies ja auch (nach Ausführung in der Klageschrift) Friedrich Schaaf dem Georg Schaaf gegenüber seinerzeit anerkannt hatte, nicht gezweifelt werden, denn auch der Testamentserbe kann solche geltend machen. Auch auf dieses Anfechtungsrecht wurde weder ausdrücklich noch stillschweigend verzichtet. Und selbst wenn aus irgend einem Umstande auf einen solchen Verzicht geschlossen werden könnte, so wäre derselbe, weil eben dann auch zur Gesetzesumgehung abgegeben, ohne alle Gültigkeit. Unter allen Umständen würde dieser Verzicht doch nicht die Rechte des Georg Schaaf in seiner Eigenschaft als Intestaterbe seiner Schwester Luise Schaaf und noch weniger die eigenen Rechte des Klägers als Intestaterbe berührt haben.

Schon angesichts jenes Anerkenntnisses eines Miteigentumsrechts des klägerischen Rechtsvorgängers, Georg Schaaf, an den hier fraglichen Liegenschaften, wie solches Friedrich Schaaf in der Bescheinigung vom 24. Juni 1879 abgegeben hat, das Beklagter jedenfalls gegen sich gelten lassen muß, hat Kläger durchaus nicht nötig, noch eine Nichtigkeitsklage gegen Friedrich Schaaf anzustellen oder diesen in gegenwärtigen Rechtsstreit hereinzuziehen, aber auch nicht nach richtiger Auffassung des hier bestehenden Rechtsverhältnisses, vorerst durch das Gericht erkennen zu lassen, daß mit der fraglichen Schenkung ein gültiger Vertrag überhaupt nicht zu stande gekommen sei.

Kläger beharrt deshalb bei seinem Klageantrage.

Frankenthal, den 4. November 1892.

Loewe, Rechtsanwalt.

Abschrift erhalten.
Frankenthal, den 5. November 1892.
Baehr, Rechtsanwalt.

Schriftsatz

für

Heinrich Wolf, Rentner in Dürkheim, Beklagten, durch Rechtsanwalt Baehr vertreten,

gegen

Karl Fuchs, Winzer in Leistadt, Kläger, durch Rechtsanwalt Loewe vertreten.

Dem Kläger ist es in seinem Erwiderungsschriftsatze nicht gelungen, die Einwendungen gegen die Klage in der Klagebeantwortung zu entkräften, und mag daher nur noch nachstehendes bemerkt werden.

Der dem sogenannten Anerkennungsakte vom 24. Juni 1879 nachgängige Privatakt vom 20. September 1879, dessen Wortlaut allerdings in dem klägerischen Schriftsatze vom 4. lfd. Mts. richtig wiedergegeben ist, beurkundet schon diesem Wortlaute nach einen wirklichen Verkauf, und war auch der Käufer Friedrich Schaaf, und wenn vielleicht auch mit Hilfe einer Darlehensaufnahme, ganz wohl imstande, den Kaufpreis zu erlegen, wie er dies nach seiner seinerzeitigen Versicherung gethan hat. Der Kaufakt ist auch formell und materiell gültig. Das Gesetz verlangt nicht, daß der Preis im Akte genau bezeichnet, ebensowenig, daß der Akt unbedingt von beiden Vertragsteilen unterzeichnet werden müsse. Friedrich

Schaaf hat den Akt ja auch seitdem fortwährend in seinem Verwahr gehabt.

Eine Gesetzesumgehung lag bei diesem Rechtsgeschäfte den Beteiligten fern; sie machten dabei nur von ihren gesetzlichen Befugnissen Gebrauch.

Sollte aber auch der obbesagte Privatakt vielleicht eine Schenkung verdecken, so wäre diese doch gültig, weil der Akt, in den sie eingekleidet ist, hier ein Kaufakt, den gesetzlichen Erfordernissen eines solchen Aktes entspricht.

Jedenfalls müßte in diesem, wenn auch nicht ganz regelmäßigen, Aktenstücke ein Verzicht des Georg Schaaf auf seine Erbansprüche an den Nachlaß seiner Schwester mit allen daraus sich ergebenden Folgen, so insbesondere auf die Anfechtung aller sein Universallegat beeinträchtigender Verfügungen derselben erblickt werden.

Überdies müßte auch schon aus der Nichtausübung der testamentarischen Rechte seitens des Georg Schaaf ein stillschweigender Verzicht desselben hierauf gefolgert werden.

Unter allen Umständen könnte die Einwerfung der verschenkten Liegenschaften in Natur in die Erbmasse der Luise Schaaf einem bloßen Erbfolger, wie dies Friedrich Schaaf hier ist, nicht angesonnen werden.

Es wird deshalb der Antrag in der Klagebeantwortung wiederholt.

Frankenthal, den 21. November 1892.

Baehr, Rechtsanwalt.

Abschrift erhalten.
Frankenthal, den 22. November 1892.
Loewe, Rechtsanwalt.

7. Dezember 1892.
Gegenwärtig
der k. Landgerichts-Präsident Strauß, als Vorsitzender, die kgl. Landgerichtsräte Greif und Hahn, als beisitzende Richter, der k. Sekretär Spatz, als Gerichtsschreiber.

Protokoll

aufgenommen über die mündliche Verhandlung in der öffentlichen Sitzung der Zivilkammer des K. Landgerichts Frankenthal vom siebenten Dezember 1892,
in Sachen
Karl Fuchs, Winzer, in Leistadt wohnhaft, Kläger, durch Rechtsanwalt Loewe vertreten,
gegen
Heinrich Wolf, Rentner, in Dürkheim wohnhaft, Beklagten, durch Rechtsanwalt Baehr vertreten,
betreffend die Widerspruchsklage gegen ein Subhastationsverfahren,
erschienen nach Aufruf der Sache die obengenannten Rechtsanwälte Loewe und Baehr, worauf der Vorsitzende die mündliche Verhandlung der Sache eröffnete.

Die durch gehörige schriftliche Vollmachten legitimierten Prozeßbevollmächtigten verlesen sodann aus den nachbezeichneten, dem gegenwärtigen Protokolle als Anlagen beigefügten Schriftsätzen und zwar derjenige des Klägers aus der Klageschrift vom 16. September 1892 und der Vertreter des Beklagten aus seinem vorbereitenden Schriftsatze vom 3. Oktober 1892 die darin enthaltenen Anträge und begründeten dieselben durch mündlichen Vortrag in thatsächlicher und rechtlicher Beziehung wesentlich in gleicher Weise, wie beziehentlich in der Klage und in allen, diesem Protokolle angefügten vorbereitenden Schriftsätzen.

Bei dem Vortrage des Thatbestandes verlas Rechtsanwalt Loewe nachbezeichnete, zu den Gerichtsakten gegebene Urkunden:

1. Das Testament der Luise Schaaf von Freinsheim vom 10. Februar 1870, aufgenommen von dem K. Notar Storch in Dürkheim;
2. das eigenhändige Testament des Georg Schaaf von Freinsheim vom 5. Oktober 1885;
3. den Ehevertrag des Friedrich Schaaf in Freinsheim mit Schenkung vom 9. Mai 1876, errichtet vor dem Kgl. Notar Schwalb daselbst;
4. Aufforderung desselben Georg Schaaf an genannten Friedrich Schaaf vom 11. Juni 1879 mit Zustellungsakt des K. Gerichtsvollziehers Reh in Dürkheim vom nämlichen Tage;
5. die ein Anerkenntnis enthaltende Erklärung des Friedrich Schaaf vom 24. Juni 1879 mit sich anreihendem Registrierungsvermerke des Kgl. Rentamts Dürkheim vom gleichen Tage.

Nachdem die Sache erschöpfend erörtert worden war, und die Prozeßbevollmächtigten der Parteien auf Befragen des Vorsitzenden erklärt hatten, daß sie keine Beweisanträge stellten und keine weiteren Bemerkungen mehr zu machen hätten, wurde die Verhandlung vom Vorsitzenden für geschlossen erklärt, worauf derselbe nach stattgehabter Beratung des Gerichts das anruhende Urteil verkündete.

Worüber Protokoll, welches, nachdem es den Rechtsanwälten der Parteien zur Durchsicht vorgelegt und von denselben genehmigt worden war, von dem Vorsitzenden mit dem Gerichtsschreiber unterschrieben wurde.

Strauß.

Spatz.

Einladung

zum Abonnement auf die in meinem Verlage erscheine

„Juristische Monatschrift“

zur Vorbereitung auf die zweite praktische Prüfung für den höheren Justiz- und Verwaltungsdienst in Bayern

herausgegeben unter Mitwirkung mehrerer praktischer Juristen
von **Heinrich Becher,**
kgl. Amtsrichter in München.

Unter dem Titel: „Juristische Monatschrift zur Vorbereitung auf die zweite praktische Prüfung für den höheren Justiz- und Verwaltungsdienst in Bayern“ erscheint in dem Verlage der Firma J. Schweitzer in München, welche bereits seit Jahren die „Staatskonkursaufgaben“ publiziert, eine neue Zeitschrift. Ohne Zweifel gibt es zur Vorbereitung auf die zweite praktische Prüfung für den höheren Justiz- und Verwaltungsdienst kaum ein geeigneteres Vorbereitungsmittel als ein zweckmäßiges Studium der früheren Staatskonkursaufgaben; ohne Zweifel hat aber auch die Bearbeitung der genannten Aufgaben **nur dann einen wesentlichen Vorteil,** wenn der Kandidat die Aufgaben **schriftlich** ausarbeitet und wenn er versucht durch diese Darstellung sein theoretisches Wissen praktisch zu verwerten und hierdurch sich die Fähigkeit aneignet, in immer kürzer werdender Zeit die gefaßten Gedanken in logisch richtiger Folge darzulegen. Tritt nun zu dieser schriftlichen Bearbeitung noch die Möglichkeit einer Korrektur, wie dies bei diesem Unternehmen der Fall ist so wird das auch sicher erreicht werden. Es ist nämlich mit dem Abonnement auch die Berechtigung zur Einsendung von Arbeiten behufs Korrektur verknüpft. Dem Herausgeber, dem eine größere Anzahl von Juristen zur Seite steht, kann nach dem vorliegenden ersten Hefte nur das Kompliment gemacht werden, daß er einerseits mit großer Wissenschaftlichkeit, anderseits mit eminentem Fleiße an die Lösung der schwierigen Aufgabe gegangen ist. Aus diesen Gesichtspunkten verdien das Unternehmen die wärmste Empfehlung und sei ihm der Wunsch mit auf den Weg gegeben, daß sich dasselbe zu Nutz und Frommen des herangehenden Juristenstandes erhalten möge“. („Augsb. Abendztg.“

Um nun das Abonnement auf die „Juristische Monatschrift“ allen Interessenten möglich zu machen, ist der Subscriptionspreis gegen früher ermäßigt worden. Es kostet das Jahres-Abonnement auf die „Jouristische Monatschrift“ bei portofreier Zusendung nur mehr 10 Mk.

Zugleich wurde der Preis des I/II. Jahrgangs auf à 5 Mark ermäßigt.

J. Schweitzer.

Kolibri 360 GmbH
Ferdinand-Jühlke-Straße 7
99095 Erfurt, Deutschland
produktsicherheit@kolibri360.de